VUE DE LA COUR DE L'ANCIEN COLLÈGE

HISTOIRE DU COLLÈGE

DE

VILLEFRANCHE-DE-ROUERGUE

Histoire du Collège

de

VILLEFRANCHE-DE-ROUERGUE

PAR

E. GOUDAL

Professeur au Collège (O. 🏵)

VILLEFRANCHE
TYPOGRAPHIE & LIBRAIRIE VEUVE SALINGARDES

1908

PRÉFACE

Le modeste travail, que nous dédions à ceux qui s'intéressent à l'histoire locale et en particulier aux amis du Collège, est le fruit de longues et minutieuses recherches. Nous en avons quêté les matériaux çà et là, dans des registres poussiéreux d'une lecture difficile et dans des dossiers trop souvent incomplets et peu précis, appartenant à des dépôts différents.

Les Annales de Villefranche, les Archives Nationales, celles de la Ville et du Département, l'Histoire du Collège de Rodez, de M. Lunet, et le Discours prononcé le 27 janvier 1906 par M. Urbain Cabrol, au banquet des anciens élèves, ont été pour nous une précieuse mine de renseignements.

A tous ceux qui ont mis gracieusement ces divers documents à notre disposition, à ceux qui ont bien voulu nous éclairer de leurs lumières, et en particulier à M. C. Couderc, Conservateur-Adjoint à la Bibliothèque Nationale et à M. U. Cabrol, ancien Directeur des Postes et Télégraphes de l'Aveyron, nous adressons nos plus cordiaux remerciements.

Nous nous sommes efforcé d'être aussi complet et aussi exact que possible, et si dans notre œuvre il se trouve des lacunes, s'il s'y est glissé quelques inexactitudes, nous ne demandons qu'à les combler ou à les rectifier.

Il nous a paru utile de parler tout d'abord des écoles publiques de notre ville pendant la période qui précéda la transformation du couvent des Augustins en collège ; et nous avons cru également devoir insister sur le XIXe siècle, en raison de la proximité des temps et de la nouveauté du sujet.

Dans la relation des divers événements, que nous n'avons pu toujours aussi bien coordonner que nous l'aurions désiré, nous avons observé la plus stricte impartialité. Nous osons espérer que nos compatriotes nous rendront cette justice, et nous souhaitons de plus qu'ils éprouvent, en lisant cet opuscule, les mêmes sentiments que nous avons eus en le composant. Puissent-ils, à mesure qu'ils connaîtront mieux les diverses phases de l'histoire de notre collège, avoir pour lui plus d'affection et prendre la résolution énergique de travailler de tous leurs efforts à sa prospérité.

Ce sera pour nous la plus grande des satisfactions et nous nous trouverons ainsi largement dédommagé de notre labeur.

E. G.

CHAPITRE PREMIER

L'enseignement à Villefranche jusqu'en 1563

Villefranche fut fondée en 1256 par Alphonse de France, frère de Saint Louis, dernier comte de Toulouse et du Rouergue. Du jour où la population devint assez dense, l'enseignement fut donné dans notre ville, et bien que les *Annales* d'Etienne Cabrol ne fassent allusion à aucune école antérieurement à 1363, nous pouvons en affirmer l'existence avant la fin du xiii° siècle.

En effet, une lettre datée d'Avignon, du 3 août 1481 [1], et adressée au prévôt de l'église Ste-Marie et aux abbés de Loc-Dieu et de Beaulieu par Julien de la Rivière, « évêque de Sabine, cardinal de St-Pierre-aux-Liens, grand pénitencier en France, et légat du Saint-Siège », nous fournit à ce sujet les renseignements suivants :

Peu après la fondation de la ville, les jeunes gens de Villefranche et des environs étaient instruits « sur la grammaire, la logique, la musique et les autres arts et sciences » [2], et leur régent était choisi et destitué par les consuls.

En 1363, en pleine occupation anglaise, l'année même où Syres Raymond de Jouans et Hugues del Peyro, allaient à Poitiers prêter serment au prince de Galles, la communauté loua une maison pour les écoliers moyennant la somme « de 11 florins, revenant à 8 livres, 6 sols » [3]. L'école resta installée dans

---

[1] Collection Doat. Bibliothèque Nationale, vol. 147, f° 304-307.
[2] Nous sommes en plein règne de la scolastique depuis le début du xiii° siècle, et pendant 300 ans les écoles épiscopales et monastiques enseigneront uniquement le trivium et le quadrivium.
[3] *Annales* d'Etienne Cabrol, t. I, p. 256.

ce local jusqu'en 1410, époque à laquelle elle fut transférée dans l'immeuble de Guillaume Valadier « assis à la gâche del Puech », que les consuls achetèrent suivant acte « receu par M. Salomon de Visa »[1].

Le premier régent dont le nom soit parvenu jusqu'à nous, était en 1430 Pierre Rollan. Il avait « pour ses peines une pipe de vin, 6 sestiers froment et 4 doubles en argent, le tout montant 6 livres, 13 sols et 4 deniers », et était encore « le seul mestre d'escolle », la ville « ayant peu de sousy des sciences »[2].

En 1481, Bertrand de Chalençon, évêque de Rodez, s'avisa de désigner un régent de son choix. Les consuls s'opposèrent à son installation et s'adressèrent « au Sainct Père », pour obtenir la confirmation de leur ancienne coutume. « Ce procez et différent cousta beaucoup d'argent à la présente ville » ; mais les consuls eurent pleine et entière satisfaction[3].

La lettre du cardinal Julien, déjà mentionnée, non seulement leur reconnaissait le droit exclusif de nommer les régents et de les destituer selon leur bon plaisir, mais encore elle leur donnait l'assurance qu'aucune autre école ne serait créée dans la ville, ni dans un rayon d'une lieue.

L'évêque de Rodez mit six ans à accepter cette décision, et ce n'est que le 5 avril 1487 qu'il passa, avec les consuls, un accord, par lequel « il se démettait de la domination de la régence des escoles ». (Acte receu par Me Durand de Podio)[4].

Bertrand de Chalençon n'avait cédé qu'à regret, et il ne tarda pas à donner aux habitants de Villefranche une preuve manifeste de sa mauvaise humeur. En 1488, « parce qu'on avait basti, sans son autorisation, une chapelle dans le couvent des Augustins, il dénonça pour excommuniez tous et chacuns des personnages qui estaient allés dans la ditte chapelle

---

[1] Ann. t. I, p. 332.
[2] Ann. t. I, p. 351 et *Annales* de Claude Desbruyères (manuscrites).
[3] Ann. t. I, p. 449-450.
[4] Ann. t. I, p. 465.

assister aux offices divins »[1]. Les consuls, « fort fachez », envoyèrent à Rodez, en diligence, chercher leur absolution, et l'excommunication ne fut levée qu'après maintes prières. L'évêque venait de prendre sa revanche.

La nomination des régents échappa, au moins en partie, aux consuls dans la seconde moitié du xvi° siècle. D'après une ordonnance de Charles IX, « faite en son conseil sur les plaintes, doléances et remonstrances des Deputez des trois Estats, assemblez en la ville d'Orléans, et vulgairement appelée l'Ordonnance d'Orléans » (janvier 1560), qui fut confirmée par Henri III aux Etats de Blois en 1579, « une prebende ou le revenu d'icelle serait destinée pour l'entretenement d'un Precepteur, qui serait tenu, moyennant ce, instruire les jeunes enfants de la ville gratuitement et sans salaire ». « Lequel Precepteur serait élcu par l'Archevesque ou Evesque du lieu, appellez les Chanoines de leur Eglise et les Maire, Eschevins, Consuls ou Capitouls de la ville, et serait destituable par l'Archevesque ou Evesque, par l'advis des susdits »[2].

Les consuls n'eurent donc, à partir de cette époque, qu'une voix délibérative dans le choix et la destitution des précepteurs de la jeunesse, tandis que l'évêque et les chanoines de son église disposaient de deux voix.

Cette décision fut maintenue par Henri IV, dont l'édit du mois de décembre 1606 (art. XIV) est ainsi conçu : « Les Regens, Precepteurs ou Maistres d'Escolles des petites villes ou villages seront approuvez par les Curez des paroisses, ou personnes Ecclesiastiques qui ont droit d'y nommer. Et où il y aurait plainte desd. Maistres d'Escolle, Regens ou Precepteurs, y sera pourveu par les Archevesques et Evesques, chacun en leur Diocese »[3].

Si les consuls, de Villefranche savaient défendre les privilèges de la ville, ils n'avaient garde d'oublier

---

[1] Ann. t. I, p. 471.
[2] Grande conférence des ordonnances et édits royaux, par M. Pierre Guenois, t. I, p. 67.
[3] Grande conférence des ordonnances et édits royaux, par M. Pierre Guenois, t. I, p. 45.

ses intérêts pécuniaires. C'est ainsi qu'en 1531, le deuxième consul Estienne Garrigarun s'étant engagé, sans l'assentiment de ses collègues, à allouer aux régents « 40 livres outre leurs gages accoutumez », fut obligé de payer cette somme de ses propres deniers [1].

L'année suivante, il fut expressément stipulé que les consuls « en baillant les escoles ne pourraient excéder pour tout salary la somme de 80 livres » [2].

Les archives de notre Hôtel de Ville contiennent plusieurs « baillances de las scolas ». Nous avons cru intéressant de donner copie, à la fin du volume, d'une de ces « traditio scolarum », datée du 23 août 1532. Nous y voyons que la gratuité de l'enseignement était accordée aux Villefranchois et que les écoliers du dehors avaient seuls à payer une rétribution scolaire. Cette rétribution servait à assurer un traitement dérisoire aux régents, qui, en cette année, étaient au nombre de deux : Ramon Monelart, mestre en ars, et Mathieu Ambeyre, de Roan, poëta.

Deux maîtres furent, à partir de cette époque, chargés de l'enseignement. D'ordinaire, l'un était mestre en ars, et l'autre poëta. Le premier apprenait aux élèves les matières déjà indiquées, le second initiait les meilleurs d'entre eux « au mécanisme des vers latins et grecs ».

Ces maîtres étaient, en 1536, Anathony Ramonesses, mestre en ars de Paris, et Anathasius Bouchardus Lotus de Sans, poëta, en 1540, Alaman Vayen, mestre en ars, et Jehan Borman, poëta, et, en 1552, Christophe Simonen et Jean Junius, dont les gages furent portés à 100 livres [3].

Dans le courant de l'année 1553, ce dernier fut soupçonné « d'avoir introduit la nouvelle religion, ou, du moins, d'en avoir donné les premières teintures à plusieurs habitans ». Ce reproche n'était pas fondé, car « les erreurs de Calvin » avaient été déjà prêchées en Rouergue, et, même à Villefranche, une vingtaine d'années auparavant, par un cordelier

---

[1] *Ann.* t. I, p. 596.
[2] *Ann.* t. I, p. 597.
[3] *Arch. de Villefranche*, reg. FF. 1, et *Ann.* t. I, p. 637.

défroqué, du nom de Marcii. N'empêche que Junius fut traduit, le 12 juin 1554, devant M° Guillaume d'Ambecy, lieutenant général en la cour du sénéchal et siège présidial de Rouergue, et que « des informations furent faictes de la part de M° Fabry, procureur du roy ». L'accusation était ainsi conçue : « Du temps que le dit Junius fut maistre des escoles, pleusieurs de ses escoliers estant suspects de secte calviniste, s'estoit à luy à les reprimer et corriger. Il leur avait permis de mal parler de la foy, et leur entendant tenir des propos reprouvez, il s'en riait, ce qui ne pouvait estre qu'une présomption contre luy »[1].

Les *Annales* nous apprennent que « M° Guillaume Poléri, advocat » se chargea de la défense de Junius ; mais elles sont muettes sur le jugement qui fut rendu. Tout laisse supposer cependant que le régent fut absous. Il devint en effet premier consul de Villefranche en 1569, fut ensuite conseiller au sénéchal et siège présidial de Rouergue et plus tard au Parlement de Toulouse.

Les « informations contre Junius », qui nous paraissent aujourd'hui excessives, avaient été faites d'après les instructions contenues dans l'édit de Châteaubriant (27 juin 1551), par lequel Henri II défendait « à tous de tenir escoles s'ils n'estaient approuvez Catholiques et non entachez de fausse doctrine »[2].

Ces mesures de rigueur, prises contre les Calvinistes, amenèrent un résultat contraire à celui qu'on en attendait. Le calvinisme fit partout de rapides progrès, notamment à Villefranche. En 1560, vers le mois d'octobre, Jean de Chevery, dit de la Rive, ministre protestant, prêcha « la nouvelle religion », mais le cardinal d'Armagnac, archevêque de Toulouse, l'obligea de se retirer du diocèse de Rodez[3].

Jean de la Rive ne se tint pas pour battu ; vers le 15 janvier 1561, il revint dans notre ville comme

---

[1] *Ann.* t. I, p. 643.
[2] Grande conférence des ordonnances et édits royaux par M. Pierre Guesnois, t. II, p. 1066.
[3] *Ann.* t. II, p. 7.

marchand de balais, non dans le but de se livrer au commerce, mais uniquement pour faire des adeptes.

> Jehan de la Ribo es arribat
> On duno cargo de bollachés,
> Las bol pas bendre ni douna,
> Es bengut per perdica.

Le premier samedi de carême, il fit le prêche aux Augustins « sans autre empêchement de la part des catholiques que quelque protestation des officiers et sans que les dits religieux cessassent de dire leurs messes et de réciter leur office divin, excepté l'heure du sermon »[1].

Une grande partie de la population fut vite « pervertie », et plusieurs prêtres apostats, qui s'étaient élevés avec indignation contre le massacre de Vassy, furent pendus en 1562. Le calvinisme gagna même les Pères Augustins, qui finirent par abandonner le couvent, situé dans la place de Grapde, quartier del Gua, où ils s'étaient établis en 1487.

Les consuls demandèrent aussitôt à l'évêque de Rodez la cession de cet établissement déserté. Ils voulaient y transporter leurs vieilles écoles et les faire ériger en collège.

[1] Ann. t. II, p. 28.

CHAPITRE II

Création d'un Collège au Couvent des Augustins

Les consuls de Villefranche, secondés par le procureur général de Toulouse, virent bientôt se réaliser leurs souhaits. « Le couvent des Augustins fut converti en collège le 1ᵉʳ décembre 1563 par une ordonnance de Mgr Jacques de Corneillan, évêque de Rodez, que confirma le roy Charles IX en la ville de Toulouse le 20 février 1565 »[1].

Quant au règlement, que devait élaborer l'évêque d'après les termes mêmes de son ordonnance, il ne nous a pas été possible de le retrouver malgré de minutieuses recherches.

Nous ne savons pas non plus si le nouveau collège fut prospère et à la direction de qui il fut confié. Tout ce que nous pouvons donner comme certain, c'est que, l'édit de pacification de St-Germain (août 1570) ayant accordé aux Calvinistes le libre exercice du culte réformé, les écoliers ne furent plus tracassés pour leurs opinions religieuses. « Il ne sera fait différence ni distinction pour le regard de la ditte Religion, à recevoir les Escholiers, pour estre instruits ès Universitez, Colleges et Escholes. » (Edict de l'an 1570, art. 15, de l'an 1576, art. 11, de l'an 1577 art. 15)[2].

En 1580 M. de Rabastens, avocat, et les autres consuls firent un règlement « pour le collège appelé des Augustins qui estait pour lors régi par MM. l'on-

---

[1] *Anna.* t. II, p. 28. *Archives de Villefranche*, reg. BB. 1 fol. 57-59. Cette ordonnance a été publiée par M. C. Couderc, dans ses documents sur Villefranche-de-Rouergue, à la fin du xvıᵐᵉ siècle, Rodez, imprimerie Carrère 1893, et nous la reproduisons *in extenso* à la fin du volume.

[2] Edits royaux, par M. P. Guenois, t. I, p. 123.

teilles et Calmelly, sans ordonner de taxe fixe pour les regens d'escolle ». Plus tard « les regens du dit collège ayant donné des sujets de plainte aux consuls et habitans pour les extorsions qu'ils commettaient, en exigeant, tant des enfants de la ville que des escoliers forains, plus grand salaire que leurs prédecesseurs », par délibération du conseil de ville du 7 avril 1585 « on les reprimanda et on taxa leurs peines et vacations pour l'avenir »[1].

Dans la même séance fut votée la somme de 40 escus pour la réparation des bâtiments. Les Augustins, informés de cette décision, « se donnèrent du mouvement pour reprendre leur couvent »[2].

A la suite d'un chapitre provincial tenu à Toulouse, les frères Michel Bonnelayval et Jean Abaissian, docteurs et religieux de cet ordre, furent députés par leur vicaire général auprès du seigneur juge-mage de Colonges et auprès des consuls de Villefranche. Munis d'une lettre de recommandation de M⁰ Jean Estienne Duranti, premier président du parlement de Toulouse, ils vinrent demander à nos édiles la réintégration des Augustins dans leur couvent. Satisfaction leur fut accordée le 2 juin 1585. Le conseil de ville les rétablit « en la possession et jouissance des biens à eux apartenans, leur promettant de faire vuider les regens du dit collège à la prochaine feste de Saint-Jean-Baptiste »[3]. Le couvent des Augustins était ainsi rendu à sa première destination.

---

[1] *Ann.* t. II, p. 81.
[2] *Ann.* t. II, p. 83.
[3] *Ann.* t. II, p. 83 et *Archives* reg. BB. 1, fol. 83.

CHAPITRE III

Le Collège de 1585 à 1622

Obligés d'évacuer le superbe établissement qui leur avait été concédé une vingtaine d'années auparavant, régents et écoliers durent aller occuper l'ancien local des écoles « de la gache del Puech ». Ils n'y demeurèrent pas, du reste, bien longtemps. Moins de quatre ans après leur installation, le conseil de ville fut d'avis, le 15 février 1589, que pour procéder à la refonte de l'artillerie municipale, on ne trouverait pas de local plus propre et plus commode que celui des écoles. Mais pour que « la doctrine et exercice des escolles pour l'institution et érudition de la jeunesse ne cessât pas, les confrères de St-Jacques seraient admonestés et priez de prester la salle haute de l'hospital, pour y faire les dittes leçons à tout le moins en payant le louage »[1].

La Confrérie de St-Jacques accepta les propositions des consuls, et nos écoliers occupèrent l'étage supérieur de l'hôpital tout le temps que nécessitèrent la refonte des canons et la mise en état de l'artillerie. Ils retournèrent ensuite à l'ancienne maison de la gâche del Puech.

Ce n'était certes pas un local assez vaste ni assez bien disposé pour recevoir la population scolaire qui aurait dû fréquenter le collège. Soit que le bâtiment fût défectueux, soit que les régents ne parûssent pas à la hauteur de leur tâche, nombre d'écoliers quittèrent l'établissement et se rendirent pour la plupart au collège de Rodez, dirigé par les Pères de la Cie de Jésus, et qui depuis sa création (22 avril 1562) n'avait cessé de prospérer[2].

---

[1] *Ann.* t. II, p. 103, et *Archives* reg. BB. 1 fol. 117-119.
[2] Lunet. *Histoire du collège de Rodez*. Carrère imprimeur, 1881.

Nos consuls, comparant avec tristesse cette brillante situation avec celle de leur collège, résolurent de remédier à cet état de choses. Dans le courant des années 1596 et 1597, la question fut examinée à plusieurs reprises par le conseil de ville. Celui-ci décida enfin de faire appel « à MM. les Jésuytes soubs le bon plaisir du Roy, pour fonder ung collège de la Compagnie pour l'institution de la jeunesse de cette ville, et pour la reformation des meurs par l'exemple et admonestations »[1]. Afin d'empêcher les élèves d'aller « à Toulouse ou à Roudes pour aprandre à grandz frais et incommodités ce qu'ilz pourraient aprandre icy », Villefranche devrait avoir « un collège entier de 6 ou 7 personnes, pour faire 3 ou 4 classes »[2]. La ville serait heureuse de confier l'éducation de ses enfants aux Pères de la Cie de Jésus. Puissent-ils vouloir répondre à son appel.

La réponse se fit attendre longtemps et, de plus fut défavorable. Ce ne fut que le 7 novembre 1603 que le Provincial donna connaissance de sa décision. Il était impossible de diminuer le personnel de Rodez « atendu, disait-il, que ceste demission dung petit nombre de personnes causerait la disgrace du collège de Roudes »[3].

La raison invoquée n'était guère sérieuse. Il eût été facile de trouver dans la Cie de Jésus des Pères, en dehors de ceux qui donnaient l'enseignement à Rodez. De plus, le Provincial n'aurait pas dû laisser si longtemps dans l'incertitude les autorités de notre ville, car cet atermoiement ne pouvait qu'être préjudiciable au collège.

En 1613, M⁶ Jean Durieu, juge-mage de Rouergue et les consuls passèrent un contrat avec Claude Bruyères « natif du païs de Bourgougne », par lequel ils l'établissent « regent premier au collège de la ditte ville et où l'on voit la mise en possession du dit Bruyères en cet exercice, l'attestatoire sur la forme de procéder, le verbail de la capacité du dit de Bruyères en public, et le verbail de la rejection de

---

[1] *Arch. de Villefranche* reg. BB. 2.
[2] *Arch. de Villefranche* reg. BB. 2.
[3] *Arch. de Villefranche* reg. BB. 2.

M. Pestrini, maistre d'escole ignorant, que les dits consuls renvoyerent »[1].

Ce « regent premier », le principal de l'époque, ne s'acquitta-t-il pas bien de ses fonctions ? Tout le laisserait supposer, car les Mrs du siège présidial voulurent « le deposséder », et de nouvelles démarches furent faites en 1615 auprès des Jésuites ; mais ceux-ci persistèrent dans leur refus.

Pourquoi ne pas alors accepter les propositions faites en 1617 par M. Jean Miquel, prêtre et recteur de la Garde du Quercy, qui offrait de tenir le collège avec quatre classes et ayant à leur tête « des maîtres capables et suffisans »[2] ?

Les consuls espéraient toujours vaincre l'opiniâtre résistance des Jésuites ; mais la troisième tentative, qu'il essayèrent auprès d'eux en 1620, n'ayant pas été plus heureuse que les précédentes, ils firent appel, en désespoir de cause, aux Doctrinaires[3].

[1] *Ann.* t. II, p. 207.
[2] *Arch. de Villefranche* reg. BB. 3.
[3] *Arch. de Villefranche* reg. BB. 3.

CHAPITRE IV

Le Collège des Doctrinaires (1622-1793)

« Les Doctrinaires étaient une congrégation de clers séculiers, dont le général était toujours français. Leur fondateur fut le bienheureux César de Bus, gentilhomme, né à Cavaillon, dans le comtat Venaissin, le 3 février 1544. Il obtint, en 1593, la permission d'établir sa congrégation dans la province d'Avignon, et elle fut confirmée par une bulle en 1597. En 1614, le père Antoine Vigier, successeur de César de Bus, fit ériger la congrégation en ordre religieux; mais en 1647, le pape Innocent X rétablit cette congrégation dans son premier état.

» Les Doctrinaires avaient en France trois provinces: celles d'Avignon, de Paris et de Toulouse. Le pape Benoit XIII réunit la congrégation de la doctrine chrétienne de Naples à celle de France. Le but de cette congrégation était de catéchiser le peuple et de lui enseigner la religion chrétienne; elle avait, en France, un grand nombre de collèges, et, entre autres, sept maisons et dix collèges dans la province d'Avignon, trois collèges et quatre maisons dans celle de France ou de Paris, quatre maisons et treize collèges dans celle de Toulouse »[1].

Fondation du Collège

« Le collège des R. P. de la Doctrine Chrétienne fut fondé, disent les *Annales*, suivant l'ordonnance de Mgr Bernardin de Corneilhan, évêque de Rodez, par les consuls de Villefranche, qui en sont les

---

[1] A. Chéruel. *Dictionnaire historique des institutions, mœurs et coutumes de la France* (1re partie, p. 166).

patrons. L'ouverture fut faite le jour de la fête de sainte Catherine, le 25 novembre 1621. Le bâtiment fut placé près du couvent des Pères Cordeliers, au quartier de la Verdesque, à la gâche de la Fontaine, joignant les murailles de la ville, près la tour de Saignes » [1].

Il y a lieu de retarder d'un an la date indiquée par les *Annales* pour l'ouverture du collège. La convention ne fut passée entre les consuls et les Doctrinaires devant Me Valadieu, notaire, que le 10 juin 1622. C'est du moins la date fixée par le Conseil général de la commune, lorsqu'il fit valoir contre les Domaines ses droits de propriétaire de l'établissement [2].

D'après le contrat du 10 juin 1622, les Doctrinaires devaient fournir « des sujets capables pour l'instruction de la jeunesse, comme recteur, préfet, régents et autres personnes pour la régie du collège » et les consuls s'engagèrent « à leur payer annuellement 300 livres pour chaque classe et une fois la somme de 10.000 livres pour les réparations et ameublement de l'établissement » [3]. Cette convention fut confirmée et autorisée par lettres patentes du roi Louis XIV du 13 septembre 1647.

Construction des divers bâtiments

« En 1623 furent jetés les fondements du premier corps de logis, et deux classes voûtées, celle de la rhétorique et celle de l'humanité furent construites. Entre les deux, figura l'inscription suivante :

IN PERPETUAM DOMINI GLORIAM,
FRANCOPOLIS ET PATRIÆ UTILITATEM,
REGNANTE LUDOVICO XIII, FRANC. ET NAV. REGE,
FAVENTE NOB. JOAN. DURIEU. PROV. PRÆSIDE,
FELICITER OEDIFICARI COEPIT
HÆC LITTERARUM CURIA
RR. PATRUM DOCTR. CHRIST.

---

[1] *Ann.* t. II p. 228.
[2] *Arch. de Villefranche* (délibération du 9 brumaire an VII).
[3] *Annales* de Claude Desbruyères.

JOANN. FRANC. DE MOLINERY,
GUILLEL. NUEJOL, ANTON. CHABERT BURG.
DEODAT FONTEILLES PROC. COSS.
M. DC. XXIII »[1]

« En 1624, deux autres classes furent élevées à suite de celles fondées l'année précédente. Tout le corps de logis, basti sur ces quatre classes, fut parfait et couvert avec le réfectoire et la cuisine; le degré à repos de pierre de taille, servant au corps de logis, fut aussi fait et posé jusqu'à la première estage, et ensemble le portail de l'entrée du dit corps de logis, suivant l'inscription qui fut mise sur la pierre du frontispice du dit portail, conçue en ces termes :

ANNO DOMINICI CIƆ. IƆC. XXIV
REGNANTE LUDOV. XIII, FRANC. ET NAV.
CHRISTIANISS. REGE
COSS. DD.
BERNARDO GAILLARDY, GUILL. LOVIGNES,
JOANNE ALARY ET JOANNE OLIVIER »[2]

« En 1625 furent faits les fondements du deuxième corps de logis, qui coustèrent environ 600 livres, et où est placée l'inscription qui suit :

ANNO DOMINICI CIƆ. IƆC. XXV
REGE LUDOV. XIII, FRANC. ET NAV.
XP NISS. REGNANTE, COSS. DD.
RAYMOND DE BOUGES, STEPHAN. COLIT,
STEPHAN CABROL., JOAN. DEPLANIS. »[3]

« En 1626, ce corps de logis fut achevé jusques au couvert ». Il contenait la première église des Doctrinaires, qui devint plus tard la salle de congrégation. A l'entrée se trouvaient à gauche les armes du roi (les trois fleurs de lis d'or en champ d'azur) et à droite, celles de la ville. Ces dernières consistent, comme le sait tout Villefranchois, « en un pont de

[1] *Annales* d'Et. Cabrol, t. II, p. 232.
[2] *Ann.*, t. II, p. 234.
[3] *Ann.*, t. II, p. 235.

3 arcades d'argent, crénelé de 5 pièces, accosté de 2 tours quarrées, de même ouvertes et crénelées aussi de 3 pièces chacune, le tout massonné de sable, planté dans des eaux d'argent, ondées d'azur, et surmonté de la croix de Toulouse d'or, au chef de France ». Au dessous de ces armes était l'inscription :

D. O. M.
ANNO SALUTIS M. DC. XXVI
LUD. FRANC. ET NAVAR. REGE FELICI REGNANTE
HOC COLLEG. P. P. DOCTRINÆ CHRIST.
ÆDIFICIUM CONTINUATUR ET EXORNATUR
AUSPICIO C. AC. N. V. FRANC. DE NOAILLES, SENESC.
ET PROREG. RUTH., JOAN. DURIEU PRÆF. PRÆT.
TOTIUSQUE CIVITATIS VOTA
SUMMA CURA DD. COSS.
GIRARD DE RABASTENS, CLAUDII CALOT J. D.
RAYMUNDI LORTAL, ET PETRI MURAT [1]

« En 1627 fut construite la galerie de pierre de taille pour faire communiquer les deux corps de logis déjà bâtis, et sur laquelle on inscrivit :
REGNANTE LUD. XIII FR. ET NAV. CHRISTIANISS.
COSS. DD. JOAN. CABBOL., JAC. GUITARD, JOAN.
PATRAS, JOAN. TEULY : HÆC PORTICUS ÆDIFICATA
EST AD COMMERCIUM UTRIUSQUE ÆDIS
COLLEGII P. P. DOCTR. CHRISTIANÆ
ANNO CIƆ. IƆC. XXVII »[2]

Quatre de ces inscriptions ont été encastrées dans le mur de la petite cour du collège actuel, et jusqu'ici elles ont assez bien résisté aux outrages du temps, la cinquième a dû être détruite en 1883, lors de la démolition de l'établissement.

C'est également en 1627 que le jardin, qui « cydevant estait un endroit de vieilles masures, fut fait, comblé et applani. » « Par même moyen feurent encore applanies les basse-courts du dit collège, savoir la grande où sont les classes, et celle qui est joignant la muraille de la ville ». Le collège était maintenant

[1] *Ann.*, t. II, p. 239.
[2] *Ann.*, t. II, p. 241.

« mis en bon estat », les travaux avaient duré cinq ans[1].

« L'établissement se composait de trois grands corps de logis entre deux cours. Au rez-de-chaussée se trouvaient sur la grande cour les diverses classes, une chapelle, la grande salle des actes, la cuisine, le réfectoire, le bûcher et les caves. Dans l'aile centrale étaient, entre deux longs corridors, 24 pièces. Toute la longueur de l'aile à l'aspect du nord était occupée par une immense salle, et l'aile sud contenait 8 belles pièces, dont l'une, très vaste, servit plus tard de lieu de réunion à l'administration ». Telle est la description du bâtiment, donnée en 1833 par le membre du conseil municipal, qui proposa d'établir le presbytère de Saint-Joseph dans le local du collège.

Création du prix de la croix d'or

L'établissement n'était pas à moitié construit, qu'un avocat de notre ville, M₉ François Polier, institua, par son testament du 20 février 1624, le prix de la croix d'or. Ce prix « du poids ou de la valeur de cinq livres » devait être décerné à l'auteur de la meilleure poésie sur la passion de Jésus-Christ[2].

Fondation du prix de la médaille d'argent

Quelques années plus tard, Noble Demoiselle Marguerite de Lavernhe, veuve de Pierre Crouzet, conseiller au sénéchal et présidial de Rouergue, fonda le 6 mai 1630 le prix de la médaille d'argent « du poids de 3 escus pour l'escolier de rhétorique qui composerait le mieux en prose latine ».

Le premier lauréat fut Jean Cabrol, le futur Annaliste de Villefranche. Sur la médaille qu'il obtint « estait représentée une fleur de soucy avec ces mots autour : Prix du Collège de Villefranche de la Confrérie de la Doctrine Chrétienne, et au bas cette chiffre 1630. De l'autre costé étaient gravées, sur un escu entouré d'une cordelière, les armes de cette fondatrice qui sont un arbre arraché, accosté à dex-

---

[1] *Ann.*, t. II, p. 242.
[2] *Ann.*, t. II, p. 234.

tre d'un aigle les ailes pliées et à senextre d'un griphon, avec le nom de J. Cabrol en dehors de l'escu et autour de la médaille ces mots : du don de Damoiselle Marguerite de Lavergne d'Alby » [1].

Construction d'une nouvelle église

En 1635, la communauté de Villefranche donna aux Doctrinaires la somme de 1800 livres pour acheter « la place et sol, où l'on devait jeter les fondements de leur église » [2]. La construction ne fut commencée que plusieurs années après et elle traîna en longueur, car la nouvelle église, dédiée à saint Joseph, ne fut bénite que le 6 septembre 1708 par le P. Certain, et l'ouverture n'eut lieu que le 21 mai 1714, 2º jour de la feste de la Pentecôte. C'est à partir de cette époque que l'ancienne église des Doctrinaires fut destinée « pour la salle des actions publiques du collège » [3].

Création des diverses classes

La division par classes paraît avoir été établie sous le nom de « lectiones » dans les collèges et pédagogies dès la 2º moitié du xvº siècle. Cependant les statuts de 1598, qui fixent difinitivement notre système d'enseignement secondaire, ne déterminent pas le nombre de classes. Alors que le collège de Narbonne, par exemple, possède dès 1599 cinq classes avant la philosophie, d'autres établissements, et celui de Villefranche en particulier, se contentent d'enseigner dans la première moitié du xviiº siècle la philosophie et les humanités.

Les basses classes ne seront créées ici qu'en 1660 [4] et encore la siixème sera-t-elle remplacée en 1725 par une deuxième classe de philosophie, en sorte, dit la délibération du 6 avril de cette année, « qu'il y aura deux regens philosophes qui dicteront tous les ans et qu'ainsi chaque année un cours de philosophie

---

[1] *Ann.* t. II, p. 284.
[2] *Ann.* t. II, p. 305.
[3] *Ann.* t. II, p. 578 et 636.
[4] *Arch. de Villefranche*, reg BB 4.

commencera pour la commodité des escoliers qui auront achevé la réthorique »[1].

En outre, une école de théologie fut fondée le 2 décembre 1714 (fête de Saint François-Xavier) par lettres patentes de Louis XIV. « Ces lettres patentes ne furent expédiées que le 30 juillet 1715, fête de Saint Ignace de Loyola, et ensuite enregistrées à pareil jour de la fête de ce fondateur des Jésuites, au bureau des trésoriers de France de la généralité de Montauban ». Les professeurs en théologie, dont les gages furent fixés à 300 livres par Louis XV, commencèrent, leur cours le 24 octobre 1716[2].

Imposition des contribuables de l'Election pour l'entretien du collège

Le traitement des Doctrinaires était, depuis la création de l'établissement, uniquement à la charge de la ville. Nos consuls, profitant de la majorité de Louis XIV, alors âgé de 13 ans, lui adressèrent une supplique. Ils lui demandèrent l'autorisation d'imposer à l'avenir les contribuables de l'Election de Villefranche d'une somme de 1300 livres pour la pension des Pères Doctrinaires. Cette autorisation leur fut accordée par arrêt du Conseil d'Etat, daté du 7 décembre 1651[3].

Imposition du bas pays de Rouergue

En 1673 une nouvelle requête fut présentée à Louis XIV, afin d'obtenir « l'imposition de 750 livres sur le bas païs de Rouergue pour l'entretien du collège »[4]. Cette requête fut accompagnée de mémoires dressés par M⁵ Charles de Monlausur, avocat et deuxième consul, et dut être accueillie

---

[1] *Ann.* t. II, p. 751 et 756.
[2] *Ann.* t. II, p. 666 et *Arch. de Villefranche*, reg. BB 6. L'avis d'ouverture de l'école de théologie fut placardé sur les murs de la ville. La Bibliothèque Nationale possède un exemplaire de cette affiche, que nous aurions reproduite, si elle avait offert quelque intérêt.
[3] *Ann.* t. II, p. 376 et *Arch. de Villefranche*, reg. BB 6.
[4] *Ann.* t. II, p. 450.

favorablement. En effet les lettres patentes du jeune roi Louis XV (décembre 1715) indiquaient que les gages des deux professeurs de théologie devaient être payés par « toute l'Election de la basse Rouergue »[1].

Enquête sur la réduction des collèges

Le collège fut inspecté en 1668 par le sieur Rodat, président au présidial de Rodez, subdélégué de Liron, intendant de la province, « chargé d'instructions au sujet de l'augmentation ou de la réduction des collèges du royaume, selon l'exigence ou la nécessité des villes ». Les Doctrinaires, et avec eux les consuls de la ville, craignirent que ce commissaire, très bien disposé pour l'établissement de Rodez, ne fût mal intentionné à l'égard de celui de Villefranche. Aussi le premier consul, Noble Bernard Durieu, dans la séance du 14 août 1668, engagea-t-il ses collègues, à adresser à l'intendant de la province un mémoire en faveur du maintien de notre collège.

« Villefranche, était-il dit dans ce rapport, se trouve en ung climat benin et favorable. Rodez, au contraire, est toujours exposé aux rigueurs d'une rude saizon, inaccessible en hyver, très incomode pour les soins qu'il faut prendre pour l'éducation des enfants et très rebutant pour la jeunesse, qui doit vaquer assidùment à l'estude. »

Villefranche est bien mieux placée que Rodez pour les élèves venant des provinces éloignées ; elle a « bienvenue de beaucoup de noblesse voisine et de plusieurs autres maisons de condition, qui profitent de cest avantage et font instruire leurs enfans dans ce collège fort comodément ».

Le nombre des élèves qui fréquentent l'établissement est de plus de 600. Cette brillante situation est due, non seulement à la gratuité d'enseignement, accordée, comme du temps des écoles, aux jeunes Villefranchois, mais encore à la réputation dont jouissaient les Doctrinaires. Ces maîtres s'étaient acquis l'estime des familles « par leur simplicité, leur

[1] *Arch. de Villefranche*, reg. BB 6.

modestie, leur désintéressement, leur charité et leur esprit évangélique », et ils ne le cédaient en rien aux Jésuites de Rodez pour leur valeur éducative.

Villefranche est une ville, « où on a en veu l'émulation et toutes les belles lettres », et qui, « en raison du grand nombre d'affaires de justice qui y sont tranchées, » a besoin d'un collège pour instruire les jeunes gens, qui auront « à s'occuper dans la suite de ces dittes affaires ». Rodez est, au contraire, plutôt « une ville de commerce que d'instruction ».

Rodez est prospère, et ses nombreuses transactions commerciales l'enrichissent tous les jours. Il n'en est pas de même de Villefranche. « La réduction du collège serait une très grande perte pour la communauté. » La plupart des habitants « tirent un concours considérable des escoliers estrangers », et les bénéfices réalisés leur permettent de faire subsister leurs familles et de payer les lourdes charges des impositions et des tailles [1].

Tels sont les principaux arguments que firent valoir nos consuls, et qui amenèrent le résultat désiré. Le collège de Villefranche fut maintenu, tout comme, du reste, celui de Rodez.

Difficultés survenues entre l'Evêque de Rodez et les Doctrinaires

En 1670 un conflit éclata entre le prieur général des Doctrinaires et l'évêque de Rodez, Gabriel de Roger de Paulmy.

Les Doctrinaires, las de subir le joug épiscopal, ne voulurent plus reconnaître à l'évêque le droit « de rien changer ni innover, soit dans la police actuellement reçue dans leur maison, soit pour le changement des personnes » [2]. Celui-ci, dont l'intérêt était de faire rentrer les Pères sous son obéissance, ne négligea rien pour amener ce résultat.

Il commit son vicaire forain, Jean Babard, qui était en même temps « Prestre Prevost de l'Eglise collégiale de Villefranche, et Directeur du Séminaire de

---

[1] *Arch. de Villefranche*, reg. BB. 4.
[2] *Archives départementales*, G. 444, (liasse de 10 pièces).

l'Eglise de Rodes », pour « visiter son collège » et faire comprendre aux Doctrinaires que puisque « la congrégation avait été séculière dès son institution et qu'elle avait été sécularisée dans la suite par le pape Innocent dixième », ils avaient tort de chercher « à y introduire de nouveau l'esprit régulier et des maximes contraires à la hiérarchie et à la cléricature »[1].

De son côté, Charles Brulard, Archevesque d'Ambrun, fit valoir auprès des Doctrinaires « qu'il importait au bien de la congrégation, et au service de l'Eglise que cette congrégation fust remise sous l'obéissance entière des évesques » (24 décembre 1670).

Touchés par ces divers arguments, les Pères de la maison de Villefranche consentirent à être replacés sous la juridiction épiscopale et reconnurent leur soumission « dans une souscription »[2].

La souscription collective des Doctrinaires, identique en tous points à celle de leur Recteur, nous intéresse par les renseignements qu'elle nous donne sur le personnel de l'établissement.

Nous y relevons les noms de :

François Barrière, âgé de 53 ans, doctrinaire depuis l'an 35, prêtre depuis 28 ans.

Martial Chalière, âgé de 52 ans, doctrinaire depuis 32 ans, prêtre depuis 23 ans.

François Thérondel, âgé de 42 ans, doctrinaire depuis 1647, prêtre depuis 15 ans.

Jean Trouvé, âgé de 37 ans, doctrinaire depuis l'an 1647, prêtre depuis environ 12 ans.

Jacques Delcassé, âgé de 30 ans ; prêtre de la Doctrine Chrétienne depuis 7 ans, et dans la congrégation depuis 15 ans.

Gabriel Gramond, âgé de 27 ans, prêtre depuis 2 ans, doctrinaire depuis 10 ans.

Pierre Andrieu, âgé de 24 ans, acolyte de la Doctrine Chrétienne, depuis 7 ans.

Ant. Gauty, âgé de 20 ans, doctrinaire depuis 4 ans.

---

[1] *Archives départementales*, G. 414, (liasse de 10 pièces).
[2] Voir à l'appendice, pièce V, la souscription Du Père d'Aguson, Recteur du collège.

Josse Lupé, âgé de 17 ans, doctrinaire depuis 2 ans.

François Leymaire, âgé de 17 ans, doctrinaire depuis 14 mois.

Frère Antoine, âgé de 38 ans, acolyte depuis 20 ans, doctrinaire depuis 5 ans.

Frère Jacques Dubac, âgé de 61 ans, doctrinaire depuis 4 ans.

Frère Etienne Caudeire, âgé de 21 ans, doctrinaire depuis 1 an[1].

Dans d'autres documents, les Doctrinaires Barrière, Trouvé et Delcassé prennent, en signant, le titre de docteurs[2].

Revendication des Jésuites

En 1689, les Jésuites s'étant rendu compte que l'établissement des Doctrinaires avait été construit dans la directe du prieuré de la Ramière, leur appartenant, « formèrent instances contre ces religieux, pour leur demander le payement de la rente, arrérages et autres droits féodaux »[3]. Les Doctrinaires « appelèrent en garantie les consuls et la communauté ». Ceux-ci intervinrent au nom de la ville, et par un acte de transaction du 26 octobre 1689, ils mirent fin au différend.

Réjouissances après les traités d'Utrecht (1714)

Pour célébrer l'heureuse issue de la guerre de la succession d'Espagne, les Doctrinaires « firent feste dans leur collège, et leur cérémonie dura quatre jours consécutifs. Le premier, qui était le 23 de juillet, le régent rhétoricien fit représenter une tragédie des Machabées et pour intermède une pastorale au sujet

---

[1] Arch. départem. G. 444, (10me pièce de la liasse).

[2] Les Archives départementales doivent contenir une autre liasse, G. 381, fournissant d'utiles indications sur les religieux du diocèse de Rodez, et notamment sur les Doctrinaires de Villefranche en 1774. Nous regrettons vivement que M. l'Archiviste n'ait pu retrouver, malgré d'actives recherches, ces diverses pièces.

[3] Annales de Claude Desbruyères.

de cette paix. Le lendemain, ils chantèrent dans leur église, ouverte depuis peu, une grande messe solennelle, et ensuite le Te Deum au son des trompettes et au bruit des mousquetades. Le troisième jour, le régent humaniste récita une belle oraison latine sur cette même paix faitte entre les princes chrestiens, où il y eut une honorable assemblée de MM. les officiers magistrats et MM. les consuls en corps. Et le dernier jour, ils firent le soir, sur l'entrée de la nuit, une illumination magnifique aux trois corps de logis du dit collège, avec un feu de joye au milieu de leur basse-cour, accompagnée de plusieurs décharges de mousquetairie, ce qui dura l'espace de deux heures et y attira une infinité de monde » [1].

Tout aussi brillante fut l'illumination du collège, « lors du sacre du roy Louis XV ».

Soutenance de thèse de philosophie

En 1718, « le sieur Louis Antoine Jausions, natif de Figeac, étudiant en philosophie sous le P. Jean Dubruel, professeur, dédia ses thèses au président Pomayrol et aux consuls. Elles furent soutenues le 3 juillet devant les quatre consuls en robe de cérémonie et les advocats postulans, portant chacun leur robe de palais. Les deux premiers consuls argumentèrent les premiers et tous les argumentateurs firent de beaux compliments en latin » [2].

Les Doctrinaires chargés de méditations spirituelles et de retraites

En 1727 « MM. les Prestres du séminaire de Notre-Dame des Treize-Pierres qui, moyennant la somme de 2000 livres de capital s'étaient chargés jusqu'à présent des exercices de la fondation des deuxièmes dimanches et des retraites de huit jours, tous les ans, pour les hommes et pour les femmes, remirent entre les mains de MM. les consuls le 16 février jour de dimanche la ditte somme pour la placer ailleurs.

---

[1] *Ann.* tome II, p. 640.
[2] *Ann.* t. II, p. 679.

Les R. P. de la Doctrine Chrétienne se présentèrent pour accepter ce pieux emploi, obtinrent l'approbation de Mgr l'évêque, qui réduisit ces retraites annuelles à faire de trois ans en trois ans seulement, dans l'église de leur collège, au lieu qu'elles se faisaient cy-devant dans la chapelle de St-Jérome de MM. les Pénitens bleus suivant l'intention des fondateurs d'icelles. Dont acte fut passé le sus-dit jour et an (16 février 1727) entre les dites parties dans l'hostel de ville, retenu par M. Pierre Thomas, notaire royal et secrétaire de MM. les consuls et commune de Villefranche »[1].

Les Doctrinaires consentirent en outre, toutes les fois que les prédicateurs firent défaut, « à se charger eux-mêmes des dominicales de l'avent et du carême »[2]. La population leur en sut le meilleur gré.

Institution des distributions de prix

Dans la séance du 4 décembre 1754, M. Reyniés, lieutenant de maire, après avoir constaté que « notre collège ne le cédait en rien à ceux de la province ny pour le choix des bons maîtres ny pour le nombre des bons escoliers », demanda qu'on encourageât les élèves studieux en excitant l'émulation parmi eux. Les consuls décidèrent la fondation d'une médaille d'or de 24 livres et d'une médaille d'argent de 10 livres pour la rhétorique, et de deux médailles d'argent de 10 livres et de 6 livres pour les humanités. Ces médailles auraient à l'avers les armes de la ville avec la légende : « Munificentia civitatis Francopolitanæ » et au revers les armes du collège avec l'inscription : « Pro rhetorices ou Humanarum litterarum alumnis », et elles seraient distribuées par les consuls « sur le jugement qu'en auraient fait les Doctrinaires proposés pour l'examen ». « Afin que cette dépense ne fût pas à charge à la communauté, on pourrait prendre 50 livres sur les 150 qu'on donnait au maître écrivain, qui serait assez payé avec 100

---

[1] *Ann.* t. II, p. 793.
[2] *Arch. de Villefranche*, reg. BB 6.

livres, vu qu'on lui permettait de prendre 20 sols par écolier de la ville et 40 sols de ceux de la campagne »[1].

La première médaille d'or fut décernée à Jean-Joseph Pechméja, alors âgé de 13 ans, qui soutint brillamment « un exercice littéraire » le 3 août 1755. Longuement interrogé sur la rhétorique, les belles-lettres et la poésie, il répondit avec une justesse, une présence d'esprit au-dessus de son âge. Il commença l'exercice par un compliment en prose, et le termina par un remerciement en vers qu'il avait lui-même composés. Il fut chaleureusement félicité, et pas un de ses camarades ne se montra jaloux de son triomphe, tant sa supériorité était incontestable.

Les exercices littéraires furent en honneur à partir de cette époque, ils se perpétuèrent d'année en année, et survécurent même à l'ancien régime, comme nous le constaterons dans le compte rendu de la distribution solennelle des prix du 30 thermidor an VI.

Parmi les exercices brillants, nous pouvons signaler celui de 1761, qui commença par un discours français sur l'histoire de France et finit par divers ouvrages de poésie. Des réponses très satisfaisantes sur la rhétorique, la poétique, l'histoire ancienne et la géographie furent données dans l'intervalle par Antoine Trésières, Joseph Soulié de Villefranche et Marc-Antoine Lombard de Verfeil : les trois collégiens reçurent avec des éloges bien mérités les récompenses qui leur étaient dues.

Les élèves des basses classes devaient assister d'un œil marri à ce spectacle, car ils n'avaient pas droit à la moindre part du butin. Ce n'est que le 26 août 1764 que nos consuls songèrent à eux et qu'ils votèrent une somme de 24 livres pour les prix de 3e, 4e et 5e classes. L'allocation fut portée à 40 livres en 1776 et à 60 livres en 1783, sur la proposition de M. Dissès, maire, qui déclara « qu'avec de si modestes ressources, on ne pouvait distribuer que des ouvrages très communs, ne méritant pas d'être regardés comme une récompense »[2]. Deux ans plus tard, 200 livres furent consacrées à l'achat des prix destinés aux différentes classes.

---

[1] *Arch. de Villefranche*, reg. BB 6.
[2] *Arch. de Villefranche*, reg. BB 6.

Les élèves de 3e, 4e et 5e restèrent également pendant longtemps moins bien favorisés que leurs aînés au point de vue des libertés. Ils devaient se rendre au collège tous les jeudis matin « depuis la feste de la Toussaint jusqu'à la Pasques ». Le 3 septembre 1769, à la demande des Doctrinaires, l'Assemblée municipale fit cesser cette inégalité et depuis lors tous les collégiens jouirent de l'entière liberté du jeudi [1].

Achat d'appareils de physique

La 8 juillet 1755, M. Cardailhac, maire, proposa l'achat de machines « pour la physique expérimentale ». « La physique, traitée dans ce collège par voye d'expériance recreera utillement, dit-il, les personnes qui aiment les sciences et cherchent à les faciliter et en même temps établira des avantages réels pour l'éducation des jeunes citoyens en leur apprenant à faire usage des machines qui servent aux arts les plus nécessaires dans le civil et le militaire. »

L'intendant de la province, « heureux de ce que Villefranche fût la première ville de la Généralité, qui lui eût demandé l'agrément de cette dépense, » promit de l'approuver, après avoir eu connaissance de la nomenclature et du prix des machines « propres à former une école ».

D'après les indications fournies au P. Lajunies par l'Abbé Nollet, « connu de tous les scavans du royaume et distingué dans cette matière », une somme de 1000 livres fut votée pour l'achat « d'une bonne machine pneumatique, d'un microscope et de machines concernant l'hidostatique, l'optique et les couleurs ».

Ces différents appareils arrivèrent au collège en janvier 1756, et nos édiles firent graver sur la machine pneumatique les armes de la ville avec l'inscription : « munificentia civitatis », ainsi que le nom des consuls de 1755 [2].

---

[1] *Arch. de Villefranche*, reg. BB 6.
[2] *Arch. de Villefranche*, reg. BB 6.

Création d'une chaire de mathématiques

La même année, M. Cardailhac, à qui est due l'initiative de l'achat des appareils de physique, voulut doter le collège d'une chaire de mathématiques. Dans la séance du 25 septembre 1755, il dit : « A mesure que les connaissances se multiplient, l'éducation a besoin d'etre nourrie de cette siance qui par la clarté et évidance de ces principes surpasse toutes les autres, de cette siance triomphante qui par ses démonstrations infaillibles éclaire les plus opiniâtres, au point qu'il n'est pas permis de douter. »

Les Doctrinaires ont offert de fournir un professeur de mathématiques ; « il n'y a qu'à imposer la somme de 300 livres pour l'honoraire de ce professeur ». « Pères de la Patrie, que de justes reproches ne mériteriez-vous pas, si vous laissiez échapper l'occasion de créer une école si importante ». L'appel du maire fut entendu de ses collègues, qui inscrivirent dans l'état des charges locales de 1756 la somme de 300 livres pour un professeur de mathématiques. C'est, du reste, la seule année où pareille dépense figura au budget, et encore les frais de port des appareils de physique (117 livres, 5 sols, 4 derniers) et la gravure des inscriptions sur la machine pneumatique furent-ils pris sur ce crédit. La chaire de mathématiques eut cependant un titulaire, le P. Maillard, et nous avons lieu de croire que les Doctrinaires se chargèrent de ce nouvel enseignement, sans demander de gratification supplémentaire [1].

Edit royal de 1763

En février 1763, Louis XV promulgua un édit, par lequel il demandait « à être instruit sur l'état de la consistance des collèges, autres que ceux agrégés à l'Université ». Il se proposait de faire « une réforme de ceux qui, par la modicité de leurs revenus, le peu d'éclat ou de solidité, le défaut de règles, ou le vice de l'administration, exigeraient une entière modification ou une réunion à d'autres collèges plus utiles ou mieux établis ».

[1] *Arch. de Villefranche*, reg. BB 6.

Cet édit royal, composé de 27 articles, qui fut enregistré au Parlement de Toulouse le 9 avril suivant, allait-il atteindre l'établissement des Doctrinaires ?

Dans la séance du 8 mai, le maire de Villefranche, M. Andurand, s'exprima en ces termes : « La célébrité de ce collège, qui attire un grand nombre d'écoliers, le bon ordre qui y règne sous la direction des R. P. de la Doctrine Chrétienne, l'excellence de leur méthode dans l'enseignement semblent devoir dissiper toutes les alarmes, que nous pourrions concevoir à ce sujet ; mais nous manquerions à notre devoir, si, à la vue de la plus légère apparence de danger, nous ne prenions des précautions. » Le maire lut ensuite sur l'ancienneté, l'utilité de la nécessité de notre collège, un mémoire fort documenté qui fut imprimé et adressé « au ministre en cour, M. de St-Florentin, à l'évêque et au procureur du Parlement ». Un exemplaire en fut même déposé au secrétariat de la mairie [1]. Nous avons cherché vainement ce mémoire dans les archives de l'hôtel de ville, dans celles de l'évêché et du parlement de Toulouse, et ne l'avons pas trouvé davantage dans les cartons de la maison du roi, ni à la bibliothèque nationale.

L'année suivante, au mois d'août 1764, MM. Labarthe, maire, et Bernard, premier consul, se rendirent à Toulouse auprès de MM. du Parlement, pour tâcher « d'empêcher le projet que MM. de Rodez avaient de faire réunir notre collège au leur » [2].

Le Parlement conclut au maintien de l'établissement de Villefranche, et à la suppression de celui de Rodez, « bien que ce dernier comptât 770 étudiants » [3]. C'est alors qu'intervint l'évêque de Rodez, Ch. de Grimaldi d'Antibes. Dans un plaidoyer fort éloquent, il fit ressortir que les deux collèges de Rodez et de Villefranche étaient nécessaires pour le

---

[1] *Annales* de Claude Desbruyères.
[2] Les registres, contenant les délibérations consulaires, celles du conseil général de la commune ou du conseil municipal, ont été, à partir de cette époque, sauf quelques exceptions que nous signalerons, les seules sources où nous avons puisé nos renseignements.
[3] Lunet. *Histoire du collège de Rodez.*

Rouergue, et il fut assez heureux pour faire partager sa manière de voir « par Mgr le Chancelier ». Le collège de Villefranche fut de suite autorisé, tandis que les lettres patentes confirmant celui de Rodez ne furent enregistrées que le 15 janvier 1765.

Demande d'augmentation de traitement

Au début de 1772, les Doctrinaires prièrent les représentants de la commune « de vouloir bien présenter un mémoire à Mgr le contrôleur général pour demander au Ministre une augmentation de pension sur l'Election ».

Le 8 mars 1772, M. Dissez, premier échevin, prit la parole en leur faveur : « Nous sommes tous témoins du désintéressement des Pères Doctrinaires et de leur peu d'ambition ; nous avons vu avec joie leur refus généreux de plusieurs successions considérables qu'on leur a offertes, se contentant d'une honnête médiocrité, seul héritage de leur institution. C'est aux dépens de l'Election qu'on paie les honoraires des 9 professeurs, qui, par les différentes retenues, se trouvent réduits à 2.430 livres. Il s'en faut même qu'ils soient payés à l'échéance, et ils sont par suite hors d'état de pouvoir fournir à leur entretien, nourriture et aux réparations de leur maison ».

Les échevins, émus de cette situation, demandèrent « l'augmentation de 3.000 livres de pansion pour le collège de cette ville à prendre sur l'Election ». Un accueil favorable fut fait à cette demande. « Par arrêt du conseil du roi du 4 août, il fut accordé une augmentation de 2.970 livres pour 6 années, à commencer en 1773, sauf à la proroger par la suite, à la diminuer, ou même à la supprimer, s'il y avait lieu »[1].

La salle de la Congrégation sert de lieu de réunion à l'Administration provinciale et aux représentants de la noblesse.

Nous arrivons à une époque où commencent à se dérouler des faits importants de notre histoire locale.

[1] *Ann.* de Claude Desbruyères.

Chargé par Louis XVI de réorganiser les finances de la France, Necker, sur les instances du Villefranchois Valadier, fit choix de notre pays pour faire l'essai d'une Administration provinciale. Sous le nom de Haute-Guyenne, il réunit le Rouergue et le Quercy, c'est-à-dire les départements actuels de l'Aveyron, du Lot et de la majeure partie du Tarn-et-Garonne. Cette administration, composée des évêques de Rodez, de Vabres, de Cahors et de Montauban, de six autres membres du clergé, de six gentilshommes propriétaires et de vingt-six membres du Tiers-Etat, se réunissait dans la salle « ditte de la Congrégation » du collège.

La première réunion eut lieu en grande pompe, le 14 septembre 1779. Cette Assemblée, qui s'occupait avec beaucoup de zèle et de dévouement des intérêts du pays, tenait tous les deux ans une session qui durait un mois.

C'est aussi dans la salle de la Congrégation du collège que, du 17 au 27 mars 1789, s'assemblèrent, au nombre de 72, les représentants de l'Ordre de la noblesse de la sénéchaussée de Villefranche, à l'effet de nommer les députés aux Etats Généraux et de rédiger le cahier des doléances, plaintes et remontrances de cet ordre.

C'est encore dans la même salle que, dès le 28 octobre 1789, la municipalité vint installer ses services, « attendu, est-il dit dans la délibération, que l'Hôtel de Ville se trouvait trop petit et menaçait ruine ». Les séances furent tenues dans ce local jusqu'au début de 1793, époque où fut acquise la maison des ci-devant religieuses de la Visitation. L'ancien couvent fut transformé en maison commune, et, depuis lors, il a servi à la même destination.

Décrets de la Constituante

Un décret du 13 novembre 1789 enjoignit à chaque collège de dresser l'état de tous ses revenus et de toutes ses charges. Les Doctrinaires firent alors valoir, par la communication de 29 actes, remontant presque tous à la fondation du collège, que cet établissement n'était pas leur propriété, mais celle de la commune, et ils démontrèrent que « si les dits battiments n'étaient point assujetis à la taille, ce n'était point qu'ils fussent nobles ou autrement privilégiés, mais que c'était une suite des conventions de 1622, par lesquelles la commune devait leur fournir un logement et prendre les charges sur son compte ».

Le 19 octobre 1790, la Constituante décréta qu'elle ne s'occuperait de l'instruction publique, que lorsque le Comité aurait dressé un rapport à ce sujet, et ordonna, en même temps, que la rentrée des classes aurait lieu comme de coutume.

Un autre décret du 27 novembre rendit obligatoire pour tous les membres du clergé le serment constitutionnel.

Prestation du serment constitutionnel

Le 21 février 1791, à l'issue de la grand'messe et du haut de la chaire de Notre-Dame, après la prestation de serment de MM. Saurel, Daures et Vergnes, vicaires de cette paroisse, se présentèrent MM. Agret, supérieur et professeur de théologie, Dissez, préfet, Ducos, professeur de logique, Lortal, de physique, Mouly, de rhétorique, Courtade, d'humanités, Drulhe, de 3e, Descomps, de 4e, et Hermet, de 5e, lesquels, individuellement, prêtèrent le serment prescrit par la loi « de remplir leurs fonctions avec exactitude, d'être fidèles à la nation, à la loi et au roi et de maintenir de tout leur pouvoir la Constitution décrétée par l'Assemblée Nationale et acceptée par le roi ».

Plusieurs de ces Doctrinaires, MM. Agret, Dissez, Drulhe, Lortal et Mouly, se conformant aux décrets des 15 et 23 août 1792, prirent à nouveau, mais cette fois dans une des salles du collège et devant la municipalité et le Conseil général de la commune, l'engagement « de maintenir de tout leur pouvoir la liberté et l'égalité ou de mourir à leur poste » (2 octobre 1792).

Projet d'organisation de l'instruction publique

L'Assemblée Constituante avait chargé Mirabeau de rédiger un projet d'organisation de l'instruction publique ; mais la mort l'empêcha d'exposer ses idées qu'il avait déjà fixées par écrit. Talleyrand fut alors désigné pour cette tâche ; il soumit son travail à la Constituante, qui laissa à la Législative le soin de délibérer.

Condorcet, nommé rapporteur du Comité de l'instruction publique, s'inspira en partie des idées de Mirabeau et de Talleyrand, et lut devant l'Assemblée, les 20 et 21 avril 1792, un plan d'organisation générale de l'enseignement[1].

Il distinguait 5 degrés d'instruction ou 5 sortes d'établissements scolaires :

1° l'école primaire,

2° l'école secondaire (chaque ville de 4.000 âmes en posséderait une),

3° l'institut (il y aurait 105 instituts en France et au moins un par département),

4° le lycée (neuf lycées suffiraient pour l'enseignement supérieur),

5° la société nationale des sciences et arts.

Ce projet, qui fut affiché dans toutes les provinces, était suivi d'un tableau indiquant les villes que l'on se proposait de doter d'un institut ou d'un collège. On y lisait le nom de Villefranche, alors que celui de Rodez n'y figurait pas.

Certificats de civisme

Le 1ᵉʳ avril 1793, les citoyens Agret, Dissez, Lortal, Mouly, Drulhe, Descomps, Hermet, Courtade et Hugounet demandèrent au conseil général de la commune et obtinrent de lui des certificats de civisme. Ce certificat leur fut même renouvelé le 4 juin, lorsque le comité de salut public de Villefranche statua à nouveau sur les certificats de civisme précédemment délivrés.

Départ des Doctrinaires

Les Doctrinaires ne devaient pas rester longtemps au collège ; ils furent obligés de le quitter peu après, lors de la suppression des congrégations séculières.

---

[1] Condorcet Œuvres, t. VII, p. 449 et suivantes.

Ils n'y étaient déjà plus le 21 nivose, an 11 (10 janvier 1794), époque à laquelle le citoyen Dissez réclama à la municipalité, « comme étant son bien propre, un bureau à bibliothèque », qu'il avait oublié dans son appartement.

Nous ne pouvons laisser les Doctrinaires se retirer de l'établissement, qu'ils avaient occupé plus d'un siècle et demi, sans rendre hommage à leur vertu, leur désintéressement, leur dévouement et aussi à leur activité et à leur talent.

L'enseignement des Doctrinaires

Lorsque les Doctrinaires commencèrent à se charger de l'instruction de la jeunesse, l'étude des langues anciennes avait déjà pris depuis un certain nombre d'années l'importance que le Moyen-Age accordait à la dialectique, et les statuts de 1598 avaient consacré officiellement le nouveau système d'enseignement secondaire.

Comme nous avons eu l'occasion de le constater en parlant de la création des classes, les études portèrent d'abord, au collège de Villefranche, exclusivement sur la philosophie et les humanités.

Les élèves durent expliquer le texte des philosophes, « philosophiquement et non grammaticalement », les maîtres s'efforçant, conformément à l'art. 42 des statuts, « de faire ressortir la solidité du fond plutôt que la force des mots ». Les ouvrages étaient rédigés d'un bout à l'autre en latin, chose peu surprenante, puisqu' « il était défendu aux élèves de se servir de la langue nationale, et que les maîtres devaient toujours s'exprimer en latin »[1].

Habitués de bonne heure à l'explication d'auteurs faciles, mais « d'une latinité pure », les jeunes gens lisaient sans difficulté dans les hautes classes « les ouvrages les plus difficiles de Cicéron, ses *Discours*, ses *Tusculanes*, et ses autres traités philosophiques, ses livres de *L'Orateur : L'Orateur, Le Brutus, Les*

---

[1] « Nemo scholasticorum in lingua vernacula loquatur, sed latinus sermo eis sit usitatus et familiaris. » (Statuts de la Faculté des arts, arc. 16).

Partitions Oratoires, *Les Topiques* et aussi Quintilien, sans oublier les poètes : Virgile, Horace, Catulle, Tibulle, Properce, Perse, Juvénal, et quelquefois Plaute » [1].

Ce n'est pas seulement sur l'explication des textes, c'est encore sur les compositions écrites, qu'étaient basées les études classiques. Les commençants devaient s'essayer à quelques petites imitations, nommées « exercitiola », les élèves plus avancés faisaient des narrations, des discours et même des vers latins ; et pour arriver à écrire élégamment, ils étudiaient avec ardeur la foule d'expressions et de lieux communs qui figuraient dans leurs « diaria » ou dans leurs « topologiæ ».

Vivant constamment dans une atmosphère imprégnée de latinisme, ils acquéraient vite une grande dextérité dans le maniement de la langue et à la fin de leurs études ils lisaient couramment et écrivaient correctement le latin.

Il n'en était pas de même pour le grec. La langue de Démosthène, dont l'enseignement avait été interdit au xvie siècle hors de la province de Paris, fut bien moins en honneur auprès des Doctrinaires. Les statuts de 1598 prescrivaient bien « l'étude de la grammaire, la lecture de l'*Iliade* et de l'*Odyssée*, du poème d'Hésiode sur *Les Travaux et les Jours*, des *Idylles* de Théocrite, des *Dialogues* de Platon, des *Harangues* de Démosthène et d'Isocrate et des *Hymnes* de Pindare » ; mais cet enseignement, étant facultatif, tomba vite en décadence. Les chefs-d'œuvre de la littérature grecque ne furent plus étudiés que dans des traductions latines ; et la langue de Cicéron aurait encore longtemps régné en souveraine sans l'intervention de Richelieu.

Le ministre de Louis XIII fit approuver en 1641 par le roi un plan d'études, dont la hardiesse de vue et la nouveauté des méthodes frappa vivement tous ceux qui s'intéressaient à l'instruction. Désormais, toutes les matières seraient enseignées en français, les élèves devraient acquérir une connaissance approfondie de cette langue, s'adonner à l'étude de l'his-

---

[1] Statuts de 1598, art. 23.

toire et de la géographie, et avoir aussi quelques notions scientifiques.

Le français avait été beaucoup trop négligé jusqu'ici ; désormais il faudra lui accorder la première place. Il ne s'agira pas seulement d'en connaître les principes, de pouvoir « faire des narrations de divers genres et quelquefois même des vers français », il faudra encore ne pas rester étranger à la littérature de son pays. Tels sont les conseils que donnera également Rollin dans son Traité des Études, et que s'efforceront de suivre les Doctrinaires. Voulant initier leurs élèves à la littérature, ils leur feront lire les moralistes et les sermonnaires, et placeront ensuite entre leurs mains des ouvrages de second ordre, tels que la *Henriade*, de Voltaire, l'*Histoire de l'Académie française*, de Pellisson, ou les *Éloges*, de Fontenelle. Nous ne saurions nous associer à leur enthousiasme pour ces auteurs, et sommes loin d'approuver un tel choix.

L'enseignement de l'histoire avait été encore bien plus sacrifié ; les élèves n'avaient que de vagues notions d'histoire ancienne, que leur donnaient des professeurs de grammaire ou de littérature : ils ignoraient à peu près complètement l'histoire nationale qui, au dire même de Rollin, ne devait pas être apprise dans les collèges. Elle n'y eut accès du reste qu'au début du xixe siècle, grâce à l'intervention de Royer-Collard, à qui est due en grande partie la véritable organisation de cet enseignement.

La géographie, au contraire (nous ne pouvons nous en expliquer la cause), fut étudiée avec beaucoup de soin. Les congrégations religieuses, chargées des écoles militaires [1], lui firent une telle place dans leurs programmes, qu'un membre de l'Université de Paris leur reprocha de tout sacrifier à cette science.

Quant aux sciences mathématiques et physiques, elles furent longtemps bien délaissées, elles figurent à peine dans les statuts de 1598. Il suffira aux élèves faisant leur deuxième année de philosophie d'étudier « la sphère et quelques livres d'Euclide, et de com-

---

[1] (Les Bénédictins dirigeaient le collège de Sorèze, les Doctrinaires celui de La Flèche).

menter la physique d'Aristote ». Richelieu lui-même, qui aurait dû cependant subir l'influence de Bacon, ne se préoccupa pas suffisamment de l'enseignement scientifique, qui était donné accidentellement aux élèves par les professeurs de philosophie. Ce n'est qu'au xviii° siècle qu'on s'aperçut que les sciences devaient être mises sur le même pied que les lettres. Les leçons de physique expérimentale de l'abbé Nollet, et ses études sur l'électricité contribuèrent dans une grande mesure au développement de cette science, et eurent pour conséquence d'attirer également l'attention sur les mathématiques.

Les Doctrinaires de Villefranche comprirent l'importance de cet enseignement et ils confièrent, dès 1756, aux PP. Maillard et Lajunies les cours de mathématiques et de physique. Ils venaient une fois de plus de mettre leurs programmes au niveau des progrès accomplis, et ce n'est pas leur moindre mérite que d'avoir suivi pas à pas l'évolution littéraire et scientifique et d'en avoir fait bénéficier leurs élèves[1].

La bibliothèque des Doctrinaires

Avides de sciences, ils songèrent, peu après la fondation du collège, à se créer une bibliothèque. Mais, comme ils n'avaient que de faibles ressources, ils se contentèrent au début d'un petit nombre de volumes. Ce nombre s'accrut tous les ans, proportionnellement aux crédits disponibles, et à la fin de l'ancien régime, les Doctrinaires possédaient une bibliothèque, sinon des plus variées, du moins assez importante, dans laquelle figuraient les ouvrages essentiels, répondant à leurs aspirations et nécessaires pour leurs études.

D'après un ancien catalogue de la bibliothèque de Villefranche, il nous a été permis de nous faire une idée assez exacte de la bibliothèque des Doctrinaires, qui comprenait surtout des ouvrages de théologie.

Nous y trouvons, non seulement des écrits sur « la

---

[1] Le volume fort intéressant et très documenté de M. l'abbé Sicard : *Les études classiques avant la Révolution* nous a fourni en grande partie la matière de ce chapitre.

Sainte Bible, les Mystères de Notre Seigneur Jésus-Christ, les Cantiques de la Vierge Marie, les vérités de l'Évangile, le Saint-Esprit, les Apôtres, les Pères de l'Eglise, les Martyrs, les Pontifes, les fondations des ordres religieux, la sainteté des devoirs de la vie monastique, les obligations des ecclésiastiques, la foi chrétienne, la vie religieuse et parfaite, la prière, la pénitence, les saints devoirs de la mort..... », nous y voyons encore un assez grand nombre de livres sur le calvinisme : *Défense de la religion réformée, l'Histoire de l'Hérésie, l'Histoire du Calvinisme, l'Institution Chrétienne de Calvin.....*, et aussi une collection complète de volumes sur le jansénisme : « les Œuvres d'Arnauld, une analyse de l'*Augustin* de Jansénius, un livre sur le système de la prédestination et un traité sur l'efficacité de la grâce..... »

Si les Doctrinaires s'adonnaient spécialement à l'étude du dogme catholique et des controverses théologiques, ils ne se désintéressaient pas pour cela des belles-lettres.

Leurs auteurs préférés étaient chez les Grecs : Aristote et Platon ; Plutarque, Thucydide, Xénophon et Lucien ; Homère, Démosthène, Aristophane, qu'ils lisaient surtout dans des traductions latines.

Chez les Latins, leur choix avait porté sur Sénèque ; César, Tacite, Cornelius-Nepos, Aulu-Gelle et Suétone ; Pline le Jeune ; Virgile; Cicéron et Térence.

Leurs auteurs français étaient surtout des philosophes, des moralistes et des sermonnaires. A côté de « Descartes, Pascal, Malebranche et Condillac, se trouvaient François de Sales, Bossuet, Bourdaloue, Fléchier..... » La poésie et les autres genres littéraires n'étaient guère représentés que par des recueils de morceaux choisis.

Des livres d'histoire générale : « histoire des Egyptiens ; histoire grecque et histoire romaine ; états, empires et royaumes du monde ; chroniques de France depuis la destruction de Troie jusqu'à Louis XI, histoire du ministère de Richelieu..... » et quelques volumes de géographie trouvaient place dans cette bibliothèque.

Plus rares étaient les ouvrages scientifiques. « Deux ou trois essais de physique, un traité d'analyse chimique, une histoire naturelle, une algèbre, une trigonométrie rectiligne et sphérique..... » tels sont à peu près les seuls volumes de sciences qui aient attiré notre attention à la lecture du catalogue.

La bibliothèque des Doctrinaires « fut tronquée et spoliée pendant les temps orageux de la Révolution ». Dans le courant de l'an III, le citoyen Lombard, nommé bibliothécaire du district, fut chargé de centraliser les ouvrages des congrégations religieuses. Il recueillit ainsi et classa les livres des Capucins, Chartreux et Cordeliers de Villefranche, des Carmes de St-Antonin et des abbayes citerciennes de Beaulieu et de Loc-Dieu. Le nombre des volumes de ces bibliothèques réunies fut évalué à 9.000 en 1816; mais il n'était réellement que de 5.960, dont 1.939 ayant appartenu aux Doctrinaires. Ce sont, du moins, les chiffres donnés par M. Fabri en 1818 dans dans le catalogue qu'il dressa, et qui fut envoyé au Ministre par le comte Murat, préfet de l'Aveyron. La lettre d'envoi, constatant que « plusieurs ouvrages sont précieux et réunis dans une salle du collège à l'abri de l'humidité et des rongeurs » se trouve à la Bibliothèque Nationale et le catalogue y est également conservé sous le n° 6445 des nouvelles acquisitions françaises.

Depuis cette époque, un grand nombre de volumes a disparu. Ont-ils été détériorés, égarés ou même dérobés? Nous n'avons pas à le rechercher ; nous devons seulement constater que lorsque, par arrêté du Ministre de l'Instruction Publique du 3 août 1900, les ouvrages ayant appartenu aux anciennes Congrégations furent remis à l'Université de Toulouse, plus de 2.000 manquèrent à l'appel. La bibliothèque de Villefranche ne livra que 1.281 livres français, 1.323 latins, 122 grecs, 25 hébraïques et 5 italiens, au total 2.756 volumes.

Les éditions des Doctrinaires

Les Doctrinaires ne se contentèrent pas d'acquérir des ouvrages pour leur travail personnel, ils firent aussi des éditions à l'usage de leurs élèves. Ces éditions n'offrent pas évidemment le même intérêt et la même commodité que celles de nos jours ; elles sont totalement dépourvues de notes et tout le travail des auteurs a consisté dans la reproduction exacte du texte.

M. U. Cabrol en possède deux exemplaires, qu'il a bien voulu nous communiquer et que nous sommes heureux de pouvoir faire connaître à nos lecteurs.

Une de ces brochures, mesurant $0^m 11 \times 0,16$ et contenant vingt pages, est intitulée :

C. PLINI CÆC. SEC. EPIST. SELEC.

Au-dessous se trouvent enfermées, dans un rectangle, les insignes de la Congrégation de la Doctrine Chrétienne : à savoir la croix avec une couronne d'épines à l'intersection des bras et l'inscription INRI. A droite, la lance, posée à terre, s'appuie sur le bras gauche de la croix, et de l'autre côté, apparaît, dans la même position, le bâton muni de l'éponge. Au-dessous de ces insignes figurent le nom de la ville, celui de l'imprimeur, et la date de l'édition : .

FRANCOPOLI apud PETRUM GRANDSAIGNE

Typogr. Regis, Urbis & Collegii 1680

La deuxième brochure, de 36 pages, ayant $0,085 \times 0,15$, porte le titre suivant :

M. T. CIC. PRO P. SEXTIO. ORATIO XXXII

Viennent ensuite une marguerite avec le monogramme du Christ, sur la corolle : JHS et les noms de la ville, de l'imprimeur et la date de composition :

FRANCOPOLI sumpt. p. GRANDSAIGNE

Regis, Urbis, Collegiique PP. Doctrinæ Christianæ

Typogr.

M. DCC. IV

Les élèves des Doctrinaires

Parmi les élèves que formèrent les Doctrinaires, il en est quelques-uns dont le nom a franchi les limites du pays natal, et vit encore dans bien des mémoires.

Nous mentionnerons, par ordre chronologique, les plus connus d'entre eux :

Jean Cabrol (1614-1691), auteur des *Annales*, que son fils Etienne continua, et d'un petit livre intitulé *Abrégé chronologique des évêques de Rodez et de Vabres* (P. Grandsaigne, imprimeur, 1681).

Jacques Borelly (-1689), astronome, physicien, docteur en médecine et membre de l'Académie des Sciences.

Mailhes (1685-), habile chirurgien, qui se distingua, en 1720, pendant la peste de Marseille.

L'Abbé Daugnac (1739-1784), secrétaire d'ambassade en Danemark (1772) et chargé des affaires de France en Portugal, de 1778 à 1780.

Valadier (1739-1807), composa deux opéras, dont l'un, « La Vierge du Soleil » ou « Cora », fut couronné par l'Académie Française et exécuté par celle de musique.

Pechméja (1741-1785), poète lyrique et auteur d'un roman philosophique en prose : *Télèphe*, qui fut « comparé, dit Grimm, à *Télémaque*, par des académiciens et des femmes académiques ».

Dubrueil (1738-1785), l'intime ami du précédent, maître ès-lettres et docteur en médecine.

Lobinhes (1741-1815), député à la Convention Nationale, puis aux Anciens, traduisit en vers l'*Enéide* de Virgile.

Le mathématicien *Chalret* (1744-1836).

Le Père *Delbès*, dominicain (1745-1808), chargé de la chaire de philosophie à l'Académie d'Avignon, et, plus tard, de celle de Limoges.

Roucoule (1751-1829), célèbre jurisconsulte.

Le philosophe *Laromiguière* (1756-1837), dont les principaux ouvrages : *Les éléments de métaphysique, Les paradoxes de Condillac, Les principes de l'intelligence et les origines des idées*, furent fort appréciés, et qui, à deux reprises, refusa par modestie le fauteuil qui lui était offert à l'Académie Française.

Le général *Prestat* (1760-1843).

Le docteur *Alibert* (1766-1837), médecin de Louis XVIII et de Charles X, dont les meilleurs ouvrages : *Un traité des fièvres pernicieuses*, *Description des maladies de la peau* et la *Physiologie des passions*, eurent un grand retentissement.

Gardons dans notre cœur un souvenir reconnaissant pour ces illustres compatriotes, et n'oublions pas que c'est sur les bancs de notre cher collège qu'ils ont fait leur premier apprentissage.

CHAPITRE V

Le Collège de 1793 à 1883

Que se passa-t-il après le départ des Doctrinaires ? Le 28 frimaire an II (18 décembre 1793), les citoyens Phocion Drulhe, procureur de la commune et Timothée Mouly, son substitut, donnèrent leur démission, pour s'adonner uniquement à l'instruction de la jeunesse. Ils furent installés comme instituteurs au collège ; mais ils ne restèrent, selon toute vraisemblance, que très peu de temps en fonction et n'eurent qu'un nombre fort restreint d'élèves.

Pouvait-il en être autrement ? Dans cette période la vie active dévorait tout et l'époque n'était pas favorable aux longues conférences avec l'antiquité.

De plus, le local du collège était « très impropre pour les classes à cause du grand concours de citoyens qui s'y rendaient pour les affaires d'administration ».

Le Directoire du district de Villefranche vint tenir ses séances publiques, d'abord une fois par décade, et ensuite chaque jour dans la salle de la congrégation.

Les classes voûtées furent remplies de suspects et la Société populaire, sous la présidence de Pécheloche, se réunit tous les soirs « dans l'église des ci-devant Pères ».

L'établissement fut donc détourné de sa destination primitive, et les études en furent bannies pour quelque temps. En effet, après 1793 le crédit de 300 livres destiné à l'achat des médailles et prix ne figura pas, plusieurs années durant, sur l'état des charges locales.

L'enseignement primaire fut seul en honneur. Le conseil général de la commune céda, le 30 ventôse an II (20 mars 1794), un local au citoyen Croizac jeune, pour lui permettre « de transmettre ses faibles connaissances sur l'écriture et l'arithmétique aux enfants de ses compatriotes, qu'il élèverait dans la vertu et dans les maximes républicaines ».

Le même Conseil, dans la séance du 30 fructidor an II (16 septembre 1794), considérant « que l'ignorance conduit les peuples libres à l'esclavage, et que la philosophie mène les esclaves à la liberté », chargea les citoyens Croizac et Cornac, instituteurs, d'organiser l'enseignement du peuple. « Dans cette institution, qui devra être en plein exercice le 1ᵉʳ brumaire (22 octobre 1794) de la troisième année républicaine, les élèves apprendront à lire et étudieront le calcul, l'histoire, la géographie, la morale et les droits de l'homme et du citoyen »[1].

Que devenait pendant ce temps l'enseignement secondaire ? L'Assemblée Législative n'avait pas entamé la discussion du projet Condorcet, et la Convention Nationale, qui lui succéda le 21 septembre 1792, laissa s'écouler deux ans, sans prendre aucune mesure concernant l'instruction secondaire.

Décrets de la Convention Nationale

Ce n'est que le 7 ventôse an III (25 février 1795), qu'elle prescrivit l'établissement d'une école centrale par 300.000 habitants. Cette décision ne fut pas suivie d'effet, et le 3 brumaire an IV (25 octobre 1795), la Convention, à la veille de se dissoudre, vota un autre décret, établissant une école centrale par département et autorisant la création d'écoles centrales supplémentaires. Ces écoles furent organisées par le pouvoir exécutif, qui succéda à celui de la Convention et par les Conseils des Cinq-Cents et des Anciens, qui exercèrent après elle le pouvoir législatif.

Demande de création d'une école centrale à Villefranche

Aussitôt le premier décret de la Convention

---

[1] Voir parmi les pièces justificatives les propositions faites par le citoyen Drulhe au nom du Comité de l'Instruction publique.

connu, Valadier, procureur de la commune, lut au Conseil, le 30 pluviose an III (18 février 1795), un mémoire, dans le but d'obtenir une école centrale à Villefranche.

« Plusieurs raisons également déterminantes concourent, dit-il, à prouver que cet établissement doit être fixé à Villefranche plutôt qu'à Rodez. »

« Notre ville est la localité la plus considérable du département, soit par sa population, soit par la note des contributions qu'elle paie. »

« Elle a perdu, depuis la Révolution, une sénéchaussée immense, dont l'arrondissement forme aujourd'hui plus de six districts. Le siège d'une administration provinciale, qui s'étendait sur deux provinces, l'Aveyron et le Lot, lui a été enlevé, et plusieurs autres établissements, comme bureau d'élection, des gabelles, direction des finances ont été portés ailleurs. »

« Rodez n'a point fait, à beaucoup près, des pertes aussi considérables ; cependant cette ville a accaparé jusqu'à présent tous les établissements publics. »

« Villefranche se trouve dans une vallée assez agréable, le climat y est doux et les subsistances y sont faciles dans les temps ordinaires. Rodez, au contraire, situé sur les montagnes, a un climat froid et des hivers très rigoureux, et les vivres y sont beaucoup moins abondants et d'une plus mauvaise qualité. »

« La jeunesse serait donc plus agréablement, plus commodément et avec moins de risques pour la santé à Villefranche qu'à Rodez. »

« L'école centrale serait fréquentée ici par une partie du département du Lot et notamment par les habitants des villes de Figeac et de Caylus, qui sont plus près de Villefranche, qu'ils ne le sont de Cahors et de Montauban. »

Le mémoire fut adressé au Comité d'Instruction Publique ; mais cette démarche ne fut pas couronnée de succès, malgré l'appui de la députation de l'Aveyron, et notamment du citoyen Dubruel, représentant du peuple.

Demande de création d'une école centrale supplémentaire

Si Villefranche ne put obtenir une école centrale, la loi du 3 brumaire an IV l'autorisait, comme, du reste, les autres communes qui possédaient des collèges, à établir à ses frais une école centrale supplémentaire et à conserver à cet effet les bâtiments et dépendances affectés à ces anciens établissements.

Le conseil de ville demanda alors la création d'une de ces écoles. Sa demande fut approuvée par l'Administration centrale et renvoyée au Ministre de l'Intérieur, qui promit de la présenter à la section du Corps Législatif, dès que les écoles centrales du département seraient organisées.

Création de cette école

Aussitôt après, l'Administration municipale, considérant « qu'un de ses devoirs les plus importants est de procurer à la jeunesse tous les secours nécessaires à l'instruction », fit appel au citoyen M. A. Lombard[1], ci-devant Doctrinaire « qui jouissait de la confiance générale et réunissait aux talents littéraires une longue expérience dans l'art de former des hommes utiles à la société ». Elle lui céda le 15 floréal an VI (4 mai 1798), « à titre de jouissance, le bâtiment du collège, sauf la grande salle réservée pour les fêtes décadaires, dans le but d'y former un établissement d'institution publique et privée sous la protection et surveillance des autorités constituées ».

Un arrêté fut pris quelques jours après, le 21 floréal (10 mai), dans le même sens, par l'Administration centrale du département de l'Aveyron.

L'école acquit bientôt de la consistance sous la direction du citoyen Lombard, qui eut pour collaborateurs les citoyens Dissès, Lortal, Calmette, Murat et Valrivière.

---

[1] M. A. Lombard n'est autre que l'ancien élève des Doctrinaires, qui soutint brillamment un exercice littéraire en 1761.

Inspections des écoles

Le 25 prairial de la même année (13 juin 1798), conformément à l'arrêté du Directoire exécutif du 17 pluviose an VI (5 février 1798), les citoyens Valadier et Dissès furent désignés pour faire au moins une fois par mois, et à des époques imprévues, l'inspection des maisons d'éducation. Leur mission était de constater :

1° « si les maîtres mettaient entre les mains de leurs élèves comme base de la première instruction les droits de l'homme, la constitution et les livres élémentaires adoptés par la Convention ».

2° « si l'on observait les décades, si l'on célébrait les fêtes républicaines, et si l'on s'honorait du titre de citoyen ».

3° « si l'on donnait à la santé des enfants tous les soins qu'exige la faiblesse de leur âge ».

4° « si la nourriture était propre et saine ».

5° « si les moyens de discipline intérieure ne présentaient rien qui pût avilir et dégrader le caractère. »

6° « si les exercices étaient combinés de manière à développer le plus heureusement possible les facultés physiques et morales. »

Les procès-verbaux de ces inspections furent toujours des plus élogieux pour l'école du citoyen Lombard.

Distribution solennelle des prix du 30 thermidor an VI

La première distribution des prix, qui eut lieu le 30 thermidor (19 août 1798), fut célébrée en grande pompe. L'administration municipale invita à la cérémonie les autorités constituées de la commune ; la force armée fut requise de fournir un détachement nombreux, et les républicains, « artistes et amateurs », composant la musique de la garde nationale, furent priés « d'embellir et d'animer la marche ». Le cortège, ainsi formé, partit de la place de l'Hôtel de Ville et se rendit au bruit des tambours et des fanfares au collège « dans une salle préparée pour l'exercice que devaient faire les élèves républicains ». La salle était déjà remplie par une foule de citoyens et citoyennes « impatients de voir se réaliser les vœux qu'ils formaient pour l'instruction de la jeunesse ».

L'exercice commença aussitôt après l'arrivée du cortège. Seize élèves répondirent avec intelligence, grâce et facilité aux questions qui leur furent posées sur la déclaration des droits et des devoirs du citoyen, sur les éléments des grammaires française et latine, sur la géographie, l'histoire et la mythologie. Ils récitèrent des fables de Phèdre et de La Fontaine, des églogues de Virgile, et ils chantèrent divers couplets « où un heureux mélange des affections de la nature et des sentiments patriotiques répandit les plus douces impressions dans tous les cœurs »[1].

Après plusieurs discours de circonstance, le cortège sortit du collège dans le même ordre qu'il y était entré et se rendit sur la place publique, pour entendre la proclamation d'une loi, que venait de recevoir l'Administration municipale. Les élèves assistèrent « à cet acte civique » et se retirèrent ensuite, emportant de la cérémonie un inoubliable souvenir.

L'église des Doctrinaires affectée à la célébration des fêtes nationales

Le 14 ventôse an VII (4 mars 1799), la municipalité prit une délibération au sujet de l'ancienne église des Doctrinaires, qui antérieurement avait été donnée à ferme à plusieurs citoyens. Ceux-ci furent invités à retirer les divers objets qui y étaient déposés. L'église serait à l'avenir affectée à la célébration des fêtes nationales et décadaires.

Projet de création d'un collège d'arrondissement

Le 17 messidor an VIII (6 juillet 1800), l'administration municipale, désirant avoir un collège d'arrondissement, présenta au gouvernement un plan complet de réorganisation, dont copie sera donnée à l'appendice. Cette demande resta lettre morte, et

---

[1] Ces couplets, que nous reproduisons à la fin du volume, sont contenus dans une brochure sortie de l'imprimerie Védeilhé, qui nous a été communiquée par M. U. Cabrol.

l'établissement continua à fonctionner comme précédemment.

Mésintelligence entre le citoyen Lombard et ses collaborateurs

Dans le courant de l'an IX, l'union, qui aurait dû exister entre les professeurs et le citoyen Lombard, fut troublée, dit-on, « par les prétentions du directeur. » Les maîtres portèrent leurs doléances auprès de la municipalité, qui, dans la séance du 24 messidor (13 juillet 1801), fixa d'une manière précise les droits de chacun. Il fut arrêté que « le collège serait cédé aux citoyens Lombard, Lortal, Dissez, Valrivière, Calmettes et Murat, professeurs en exercice, et à ceux qui les remplaceraient successivement, sauf aux professeurs à se distribuer la sus-dite maison. Le citoyen Lombard, retirant seul des profits du pensionnat, aurait à sa charge les réparations locatives de l'établissement ».

Cet arrêté « servit de prétexte à une foule de vexations et de tracasseries ». Les maîtres, déclarent-ils dans leur pétition, ne voulurent pas se soumettre « à des conditions, que la délicatesse et l'honneur leur faisaient un devoir de rejeter ». Ils résolurent d'aller créer une école « dans la maison de Ste-Ursule, qui n'était plus un bien national et appartenait au citoyen Palis »[1].

Pour éviter cette scission, l'administration municipale se réunit le 12 brumaire an X (3 novembre 1801), et un de ses membres s'exprima en ces termes : « Il n'y a que deux mois que chacun de nous s'empressait d'assister aux différents exercices littéraires qui se faisaient dans le collège, et nous étions loin de penser que bientôt ce collège n'existerait déjà plus. Empressons-nous d'arrêter le mal dans son principe et de rappeler à leurs fonctions les hommes estimables, qui se sont consacrés à l'instruction publique et que l'égoïsme ou la jalousie ont voulu en éloigner. Voici l'époque de la rentrée des classes ; si

---

[1] Cette maison, sise place Nationale, est occupée actuellement par M. Cibiel.

vous hésitez, si vous retardez, vous faites perdre à la jeunesse un temps irréparable et peut-être à la commune un établissement précieux. » Le conseil arrêta alors « que le maire installerait dans le collège les citoyens Dissez, Valrivière, Lortal, Calmettes et Murat, ainsi que le citoyen Lombard en qualité d'instituteurs, et que, conformément à l'usage de tout temps observé, la cérémonie de l'ouverture des classes serait faite par le maire et les adjoints avec la pompe qui lui convient ». Le maire fut autorisé « à faire de concert avec les susdits professeurs tout règlement de police, de discipline et autres, que les circonstances rendraient nécessaire, le conseil n'entendant rien innover quant à la pension du citoyen Lombard ». Et « vu l'urgence, il fut décidé que les dispositions ci-dessus seraient exécutées par provisoire, même en cas de réclamation contraire, jusqu'à la décision du gouvernement et du Ministre de l'Intérieur ».

Le soir même de cette réunion, le maire reçut communication de l'arrêté préfectoral du 21 fructidor an IX (8 septembre 1801), dont aucun membre du Conseil n'avait eu connaissance[1]. Cet arrêté, désapprouvant la délibération du 24 messidor an IX (13 juillet 1801), maintenait en son entier et sans aucune modification la décision de l'administration municipale du 15 floréal an VI (4 mai 1798) et celle de l'administration centrale du département de l'Aveyron du 21 floréal (10 mai) de la même année. L'institution restait donc confiée uniquement au citoyen Lombard.

Par respect pour l'autorité supérieure, le premier magistrat de la ville se fit un devoir de ne pas mettre à exécution la délibération prise le 12 brumaire (3 novembre 1801), et il n'installa pas au collège les professeurs qui avaient été choisis par le conseil.

L'école de Ste-Ursule

Que se passa-t-il alors ? Les citoyens Calmettes,

[1] Voir à l'appendice cet arrêté préfectoral.

Dissez, Valrivière, Lortal, tous quatre anciens Doctrinaires, et le citoyen Murat se retirèrent à la maison de Ste-Ursule. Ils y fondèrent un établissement, dit de surveillance, dans lequel les élèves restaient sous les yeux de leurs maîtres de 7 heures à midi et de 1 heure à 7 heures du soir. Cet établissement se composa de 5 classes : trois de grammaire, une de littérature et une de mathématiques, et eut, dès le début, 62 élèves, qui y étudièrent les principes des langues latine et française, l'histoire, la géographie, la morale, la littérature et les mathématiques.

L'école du citoyen Lombard

Le citoyen Lombard continua à exercer au collège, il y enseigna les belles-lettres et eut pour collaborateurs :

1° M. Alibert, un ex-doctrinaire, devenu marchand, qui se chargea de l'éloquence française et latine.

2° M. Gineste, un jeune homme de 19 ans, qui venait de quitter l'école et à qui fut confié le premier cours de grammaire.

3° M. Hugonnenq, un ancien pharmacien des hôpitaux de l'armée, tout récemment encore clerc d'avoué, qui professa le deuxième cours de grammaire.

Le collège n'avait donc plus que 4 professeurs, et il ne comptait que 23 élèves, dont 7 pensionnaires.

Ces renseignements, tirés d'un rapport adressé au préfet par le citoyen Lobinhes, maire de Villefranche, ne concordent guère avec ceux que fournit à la même époque le citoyen Flaugergues, sous-préfet. Celui-ci prétend que le collège se compose de 12 externes et de 14 pensionnaires. De plus, 8 internes doivent arriver incessamment après la cessation du mauvais temps et plusieurs autres ne tarderont pas à se faire inscrire. L'école de Ste-Ursule n'a qu'une quarantaine d'élèves, dont « 12 à 15 abécédères qu'on a arrachés à leurs parents, tandis qu'au collège il n'y a que 2 ou 3 débutants, acceptés par le citoyen Lombard sur les instances des familles ».

De la lecture de ces deux rapports il ressort, clairement que l'administration municipale patronnait l'école de St-Ursule, tandis que le sous-préfet soutenait de toutes ses forces le directeur du collège.

Qu'est-ce qui avait donc pu rendre le citoyen Lombard si antipathique à la municipalité? Nous croyons en avoir trouvé la raison dans un document incomplet et en fort mauvais état, que nous avons péniblement reconstitué. Des fragments recueillis il résulte que le citoyen Lombard « aurait offensé les préjugés par son mariage, que l'ingratitude et l'esprit de vertige se seraient emparés de cet homme, qu'il aurait songé à établir son ménage et ses affaires domestiques plutôt qu'à donner de l'honneur, de l'activité et de la réputation à un établissement naissant ». Ces griefs étaient-ils fondés? Nous ne pouvons le préciser. Toujours est-il que le citoyen Lobinhes fit parvenir au Ministre de l'Intérieur diverses réclamations contre le directeur du collège, déclarant nettement que celui-ci « ne jouissait plus de l'estime, ni de la confiance publique ».

Le citoyen Lombard ne pouvait rester sous le poids d'une telle accusation. Dans plusieurs lettres adressées au préfet[1] il protesta énergiquement contre les affirmations calomnieuses d'un maire « faible, fanatique et sans moyens » et prétendit que la campagne contre le collège était menée par le citoyen Lortal, président du tribunal, le citoyen Dissez, tous deux frères d'anciens professeurs, et par le citoyen Delpech « un intrigant connu ».

Quant à lui, il continue à jouir de l'estime publique, et si l'établissement n'a pas un plus grand nombre d'élèves, c'est que les parents sont menacés « de l'animadversion du président et du maire ». Ses collaborateurs, au lieu d'être « des hommes immoraux et ignorants », ont une conduite irréprochable et sont « remplis de talent et de zèle ». Ils ont offert « un concours aux professeurs de l'école de Ste-Ursule », et ceux-ci n'ont pas daigné répondre à leur appel. Pouvait-il en être autrement, lorsqu'on voit le citoyen J. F. Valrivière, qui passe pour être le plus distingué d'entre eux, composer un exercice littéraire en

---

[1] *Archives départementales.*

vers « indigne d'un élève tant soit peu exercé ».[1]

Le seul moyen de mettre fin à la cabale formée contre le collège, ou du moins de l'atténuer, serait de confier les destinées de la ville à un autre maire.

L'appel du citoyen Lombard fut entendu, et dans sa lettre du 3 germinal an X (24 mars 1802) il dit avec satisfaction au préfet : « La demande que le ministre a faite à notre maire de sa démission a calmé les esprits ; il ne manque plus que la nomination du nouveau maire pour y rétablir le bon ordre et l'harmonie. Le collège prend tous les jours de nouveaux accroissements. J'ai déjà 24 pensionnaires, qui viennent de l'Aveyron, du Lot, du Tarn et même de la Haute-Garonne, et je suis sûr d'en avoir 30 avant le mois de floréal. Le nombre des externes s'accroît également tous les jours, et malgré l'école schismatique, il y a à peu près dans le collège autant d'élèves que l'année dernière »[2].

Au citoyen Lobinhes succéda le citoyen Mazenc comme maire, et la nouvelle municipalité fut encore favorable à l'école de Ste-Ursule.

Après la promulgation de la loi du 11 floréal an X (1ᵉʳ mai 1802), qui prescrivait la création d'écoles secondaires, le conseil, dans sa séance du 30 pluviôse an XI (19 février 1803), arrêta :

1° « Qu'il serait établi avec l'approbation du gouvernement une école communale dans les bâtiments du cy-devant collège, appartenant à la commune. »

2° « Que cette école serait au moins composée de cinq professeurs. »

3° « Qu'il y aurait un pensionnat destiné à remplacer les soins et la surveillance de la maison paternelle. »

4° « Que le mode d'enseignement s'accorderait autant que possible avec le mode d'enseignement et le règlement de discipline des lycées. »

5° « Que l'administration de l'école serait faite conformément aux dispositions de l'arrêté des consuls du 30 frimaire dernier. » (21 décembre 1802)

---

[1] « Ce compliment », que le citoyen Lombard envoya au préfet pour lui permettre « de juger de la valeur de Valrivière », figure à la fin du volume.

[2] *Archives départementales.*

6° « que le maire ferait les démarches nécessaires pour que le gouvernement érigeât en école communale secondaire l'école particulière de Ste Ursule, qui serait transportée dans les bâtiments du collège. »

7° « Que le maire présenterait à l'approbation du Ministre de l'Intérieur les citoyens Lortal, Dissez, Calmettes, Murat et Graves comme professeurs de l'école communale secondaire, sans préjudice d'en augmenter le nombre, si l'avantage de l'école le déterminait. »

Transformation de l'Ecole du citoyen Lombard en Ecole secondaire

Ce vœu ne fut pas pris en considération par le Gouvernement, et ce ne fut pas l'école de Sainte-Ursule, mais bien celle du citoyen Lombard, qu'un arrêté des consuls du 30 vendémiaire an XI (19 septembre 1803) érigea en école secondaire.

Les instituteurs de Sainte-Ursule ne purent se persuader que par cet arrêté du Gouvernement, leur établissement devait être privé des bienfaits et des avantages que la loi assurait aux écoles secondaires. Dans la pétition adressée à la municipalité, ils se demandaient s'ils pouvaient être dépouillés du droit de jouir des bâtiments que le Conseil général de la commune leur avait accordés par son arrêté du 24 messidor an IX (13 juillet 1801), et par celui du 12 brumaire, an X (3 novembre 1801).

Réunion des deux Ecoles : l'Ecole secondaire communale

Ce conflit ne se prolongea heureusement que fort peu de temps. Le 11 ventôse an XII (2 mars 1804), le maire instruisit le Conseil que les deux écoles étaient réunies en une seule, qui porterait le titre d'Ecole secondaire communale, conformément à l'arrêté du sous-préfet du 9 brumaire (1er novembre 1803) et à celui du préfet du 12 du même mois (4 novembre 1803.)

La direction de l'établissement fut confiée au ci-

toyen Lombard, qui dut l'administrer avec l'aide d'un censeur des études. Le nombre des élèves qui le fréquentèrent fut très satisfaisant : 107 pensionnaires et 59 externes. Le bâtiment lui-même était dans un état convenable. « Le seul point défectueux, dit le sous-préfet Flaugergues, est l'absence de dortoirs. Les jeunes gens couchent en différents quartiers de la maison, dans des chambres bien tenues, propres et aérées, où ils sont au nombre de 4, 6 et 10, et ils ne sont pas, par suite, assujettis à une surveillance de nuit constante. Il faut remédier à cet état de choses et établir des dortoirs, où les élèves seront groupés sous la surveillance des maîtres »[1].
Ce vœu n'était pas encore réalisé en 1813.

Création du Bureau d'Administration

Conformément à l'arrêté du Gouvernement du 19 vendémiaire an XII (12 octobre 1803), il fut constitué un bureau d'administration. Ce bureau, à qui devaient être rendus tous les ans les comptes des recettes et des dépenses du collège, se composa, la première année, de :

M. Flaugergues, sous-préfet ;

M. Galtié, commissaire du Gouvernement près le Tribunal de 1re instance ;

M. Mouly, juge de paix ;

MM. Andurand et Hugonnenc, membres du Conseil municipal ;

M. Lombard, directeur de l'École secondaire.

Sa première préoccupation fut de chercher les moyens « de pouvoir offrir aux maîtres une indemnité proportionnée à leurs soins et à leurs travaux ». Il engagea vivement la commune à faire des sacrifices sur les centimes que la loi lui accordait, « afin de soutenir et encourager l'établissement ».

Le Conseil « délibéra alors une offre volontaire et annuelle de 12.000 francs », somme insuffisante, puisque, malgré cette dotation, les émoluments des régents ne s'élevèrent pas à 700 francs en l'an XIII. Cette subvention fut portée, l'année suivante, à

---

1 *Archives départementales.*

2.400 francs, puis, en 1807, à 4.000 francs, et ce n'est que lorsqu'elle atteignit, en 1808, le chiffre de 6.000 francs, que les professeurs « furent dans le cas de recevoir un traitement honnête ».

Diminution de la population scolaire

En 1806 le nombre des écoliers diminua sensiblement, il ne fut plus que de 137 élèves, dont 84 pensionnaires, malgré la création d'une classe préparatoire, faite par le Directeur, pour les enfants incapables de suivre la plus basse classe de latin. L'année suivante, l'école secondaire perdit aussi quelques unités ; il n'y eut plus que 80 internes et 50 externes, et encore un certain nombre d'entre eux y furent-ils admis gratuitement en raison de la misère publique.

Cette diminution de la population scolaire s'explique par la création de l'école ecclésiastique, établie par M. l'abbé Marty, au quartier de la Boudomie, et aussi par le nombre trop considérable des écoles secondaires de l'Aveyron. « Huit écoles ne peuvent que se nuire et s'entredétruire, alors que trois deviendraient florissantes et suffiraient aux besoins du pays. » Villefranche doit encore « se fortifier contre le lycée de Cahors et contre les écoles de Figeac et de Montauban »[1].

De plus, sur les conseils du sous-préfet, plusieurs élèves ont été congédiés. « J'ai exigé, dit-il, que les jeunes gens fussent assujettis à une discipline plus sévère, afin de mettre un terme à des désordres naissants, et j'ai pris un arrêté pour faire surveiller de très près les écoliers logeant en ville »[2].

Fondation de l'Université

Le 18 mars 1808 parut le décret impérial, fondant l'Université, à qui devrait appartenir le monopole de l'enseignement. Aucune école, aucun établisse-

---

[1] *Archives départementales.*
[2] Voir à l'appendice les principaux articles de cet arrêté du 12 octobre 1806.

ment quelconque ne pourrait s'ouvrir ; nul ne pourrait enseigner sans une autorisation expresse du Grand-Maître.

Création de bourses dans les lycées

Un autre décret du 10 mai porta création dans chaque lycée d'un certain nombre de boursiers. Villefranche dut fournir deux demi-bourses au lycée de Rodez, de fondation toute récente, et une somme de 600 fr. fut votée à cet effet pendant dix ans. Dans la séance du 13 décembre 1818, le conseil, considérant « que notre collège inspirait sous tous les rapports la confiance publique », décida de supprimer cette dépense à partir du 1ᵉʳ janvier 1819, laissant cependant les boursiers actuels bénéficier de cette faveur jusqu'à la fin de leurs études.

Décret impérial du 9 avril 1810

Le Grand-Maître de l'Université, convaincu que « c'était uniquement dans les établissements publics que le gouvernement pouvait trouver la garantie des bonnes méthodes et le perfectionnement progressif de l'instruction », voulut « faire cesser sans délai les disparités d'enseignement qui ne cachaient que trop souvent d'aveugles routines ou des calculs intéressés ». Il arrêta que « les maîtres de pension ou chefs d'institution, à dater du 1ᵉʳ janvier 1811, devraient conduire dans les établissements universitaires leurs élèves à partir de la première classe de grammaire ».

Le 3 janvier 1811, le maire de Villefranche invita l'abbé Marty à se conformer à ce décret. Le Directeur de l'école ecclésiastique répondit que les jeunes gens confiés à ses soins « n'étaient pas sa propriété, mais celle de leurs familles » et « qu'il avait de bonnes raisons à faire valoir pour pouvoir profiter des exceptions prévues par la loi ». Ces raisons ne furent pas sans doute jugées valables, et M. l'abbé Marty ne dut pas vouloir se soumettre à la loi. Son école fut fermée dans le courant de l'année, et ne se rouvrit qu'en octobre 1814, sous la Restauration.

Collège impérial

Cette même année 1811, l'école secondaire communale fut érigée en collège impérial. L'administration municipale aurait voulu obtenir un lycée, et malgré les charges qui lui incombaient, elle offrit de s'imposer. La demande fut péremptoirement rejetée, par le motif qu'il ne pouvait y avoir plus d'un lycée par département, et qu'il n'y avait pas lieu de transporter à Villefranche l'établissement de Rodez.

Réunion du Petit Séminaire au Collège

En 1815, M. Rigal succéda à M. Lombard, décédé ; mais il ne resta que quelques mois à la tête du collège. Dès l'année suivante, M. l'abbé Frayssinous, qui devint plus tard évêque d'Hermopolis et grand maître de l'Université, et qui était alors membre de la Commission de l'Instruction publique, voulant donner à son compatriote M. l'abbé Marty une marque de son estime, lui confia la direction du collège, redevenu communal. Un assez grand nombre de jeunes gens du Petit Séminaire suivirent leur Directeur, et à la rentrée de 1816 notre établissement compta plus de 160 élèves.

Le nouveau principal ne tarda pas à demander la création d'une chaire de philosophie. Mais, comme le nombre des élèves de mathématiques devenait de plus en plus restreint (5 en 1817, 3 en 1818), la Commission de l'enseignement fut d'avis de choisir un professeur, qui pût à la fois enseigner la philosophie et les mathématiques. Plus tard, s'il y avait lieu, « chaque science aurait son professeur particulier ».

La même Commission, « craignant que les règlements de l'Université ne fussent pas suivis avec assez d'exactitude », proposa la nomination de deux commissaires pour inspecter les classes une fois par mois.

Elle émit aussi le vœu que tout l'arrondissement concourût aux frais d'entretien du collège, pour que l'enseignement fût donné gratuitement.

Cette mesure ne fut pas appliquée, et l'établissement ne fit que péricliter insensiblement. Le 15 mai 1822, un membre dit en séance du conseil : « Jusqu'à présent, notre collège s'était soutenu, sinon avec le même éclat, du moins avec quelque réputation ; mais aujourd'hui le nombre des élèves a diminué considérablement. Pour remédier à cet état de choses, il faut organiser les chaires de mathématiques, de philosophie et de physique ». C'est aussi l'avis de l'abbé Marty, qui attribue la diminution des élèves, non seulement au manque des classes de théologie et de philosophie mais encore au mauvais esprit qui règne au collège. « Les citoyens de cette ville, dit le principal dans une lettre adressée au maire, attachent le plus haut degré d'importance à une éducation chrétienne et monarchique. L'abîme de la Révolution n'est pas encore comblé ; les véritables bases de l'Instruction publique ont été ébranlées ; des éléments corrupteurs ont altéré les sources de la doctrine ; elle ne peut plus s'insinuer dans nos écoles que par une infiltration lente et prudemment ménagée. Ce n'est que lorsqu'un meilleur ton et un esprit nouveau se seront introduits dans le pensionnat que les vides se regarniront peu à peu. » « Du reste, le nombre présent des élèves est en proportion avantageuse avec celui des autres collèges communaux. D'après le rapport tout récent de M. l'Inspecteur Soulacroix, Carcassonne est la seule ville de tout le ressort de Montpellier, qui possède une population scolaire plus nombreuse. »

En 1823, M. Calmètes succéda à M. l'abbé Marty. Peu de temps après son installation, il constata que « tous les cours étaient complets, et que les élèves, après les avoir terminés, pouvaient se présenter aux examens nécessaires pour recevoir le titre de bachelier et être admis aux écoles spéciales ».

Refus d'établir des cours préparatoires aux Arts et Métiers

Le 29 novembre 1825, le Sous-Préfet demanda au Maire s'il n'y aurait pas lieu d'établir des cours pour la préparation aux Arts et Métiers, suivant le modèle des cours professés à Paris par le baron Dupin, de l'Académie royale des sciences. Le conseil municipal répondit négativement dans la séance du 26 mai 1826.

Projet d'établissement d'un collège mixte

Un nouveau principal, M. Poumairas, remplaça M. Calmètes en novembre 1827. Il eut des difficultés avec la municipalité et celle-ci décida le 13 mars 1829 de demander son changement, sous prétexte « qu'il avait désorganisé le collège, supprimé de son chef le pensionnat et fait tomber la surveillance ».

Profitant de ce conflit, l'évêque de Rodez, dans une lettre datée du 21 mars 1829, pria le maire de vouloir faire reconnaître comme collège mixte le collège de Villefranche. Nos édiles, ignorant le fonctionnement de ces établissements, s'adressèrent au Recteur de Montpellier, qui fournit le 9 avril les renseignements suivants :

1° « Les aspirants à l'état ecclésiastique sont admis dans ces établissements ; ils sont dispensés de la rétribution universitaire, mais non de la rétribution scolaire. »

2° « Ils peuvent être dispensés du costume clérical. »

3° « Tous les élèves sont soumis à la même surveillance et renfermés dans le même pensionnat sans distinction. »

4° « Le principal et les professeurs ou régens sont présentés par l'évêque et nommés par le Grand-Maître. »

5° « Il n'y a qu'un supérieur ou principal. »

6° « Un collège mixte n'est point un petit séminaire ; ce sont deux choses bien distinctes. »

Après avoir eu communication de cette lettre, le conseil municipal nomma, le 16 avril, une commission de cinq membres : MM. Dissez, Cardonnel, Milhet, Calmètes et Delpech, pour étudier la question. Celle-ci demanda l'avis du préfet, et celui du Ministre de l'Instruction publique. Tous deux se montrèrent défavorables au projet, et le conseil décida le 2 mai qu'il ne serait pas donné de suite à l'établissement d'un collège mixte.

Abandon des prix en faveur des blessés des 28 et 29 juillet 1830

Vers la fin de l'année scolaire 1830, les collégiens

informèrent le maire, par l'intermédiaire du principal, M. Monal, qu'ils renonçaient volontairement à leurs prix et le prièrent d'en employer le montant au soulagement des blessés des 28 et 29 juillet. Le maire accepta cette offre généreuse et versa la somme de 300 fr. entre les mains de M. Panissal, notaire, chargé de recevoir la souscription. Il décida en outre que « la nomenclature des élèves aurait néanmoins solennellement lieu dans une séance publique, où ils recevraient de la main des magistrats des couronnes civiques en échange des récompenses dont ils avaient fait abandon. »

Etablissement du presbytère de St-Joseph dans les bâtiments du collège

Du jour où la paroisse de St-Joseph fut établie dans l'église contiguë aux bâtiments du collège, la commune dépensa annuellement 250 fr. pour loger le curé. « Il est étonnant, dit un conseiller dans la séance du 13 octobre 1833, que depuis trente ans un logement convenable n'ait pas été fourni à cet ecclésiastique dans une partie de l'aile gauche de l'établissement. »

« Avant la révolution de 1789, le bâtiment était suffisant, non seulement pour recevoir les 15 Doctrinaires, mais encore pour loger l'évêque, président de l'administration provinciale, ainsi que sa suite. »

« Trois pièces distraites de ce vaste immeuble, le plus près possible de l'église, ne peuvent porter atteinte au collège. »

Partageant cette manière de voir, le conseil décida d'établir le presbytère de St-Joseph dans la partie du bâtiment ci-dessus désignée. Si, contre toute apparence, ces chambres devenaient nécessaires à l'établissement, la commune fournirait alors un autre local au curé de la paroisse.

Cette éventualité ne se produisit pas, et le presbytère de St-Joseph fut maintenu dans les bâtiments du collège, jusqu'à l'époque de leur démolition.

Annexion au collège d'une école primaire

La loi du 28 juin 1833 prescrivait l'annexion d'écoles primaires aux établissements universitaires. Le 16 novembre 1835 M. Gallon-Labastide, principal, avisa le maire qu'il venait de se conformer à la loi.

Création d'une école primaire supérieure

L'article X de la même loi imposa aux communes de plus de 6.000 âmes l'établissement d'une école primaire supérieure. Le premier instituteur fut M. Aurel qui, dès 1834, installa dans sa maison un local convenable pour recevoir les élèves, en attendant que les travaux d'aménagement fussent faits à la maison commune, où devait être installée cette école. Une ordonnance royale du 21 novembre 1841 autorisa 23 villes à annexer à leur collège l'école primaire supérieure. Villefranche figurant parmi les villes à qui était accordée cette latitude, une Commission fut nommée le 13 février 1842 pour étudier la question. Peu de temps après, l'école primaire supérieure était annexée au collège.

Déclin du collège en 1835

En dehors des élèves des classes préparatoires et de ceux de l'école primaire, qui profitaient uniquement au principal, il n'y eut au collège en 1835 que 80 élèves, et encore 20 d'entre eux y étaient-ils admis gratuitement. Pour des raisons inconnues de nous, un grand nombre d'enfants de la ville se rendaient dans d'autres établissements, et cette émigration portait au nôtre un coup des plus funestes. Une Commission, composée de MM. Loubatières, Milhet, Cancéris et Caylet, fut chargée de s'entendre avec le principal, M. Gallon-Labastide, sur les mesures qu'il convenait de prendre en pareille occurence.

Création d'une chaire de physique

La création d'une chaire de physique fut décidée pour la rentrée de 1837. Le principal ayant promis de pourvoir au traitement du régent, le Conseil n'eut qu'à acheter les instruments indispensables à cet enseignement, et il le fit d'autant plus volontiers qu' « aux portes de la ville on était en train de construire une institution [1] qui pourrait devenir la rivale de l'établissement universitaire ».

Le 4 avril 1836, M. Manez, ingénieur des mines, directeur des usines de Decazeville, fit cadeau au collège d'une collection de roches pour le laboratoire de chimie.

Décret sur la mise en régie des collèges

L'ordonnance royale du 29 janvier 1839 permit aux communes de régir elles-mêmes les collèges ou de les mettre aux comptes des principaux par des traités convenus, soumis à l'autorisation ministérielle.

Le Conseil municipal délibéra, à l'unanimité, que la ville n'avait pas à se charger de la régie de l'établissement, et, en 1840, fut passé entre M. Gallon-Labastide et M. Pecheloche, maire, le traité suivant : « L'Administration du collège sera, pour cette année, au compte de M. Gallon-Labastide. Moyennant la rétribution scolaire et une subvention de 4.500 francs, le principal paiera aux régents les traitements prévus au budget de l'établissement, et fera également l'achat des prix, dont le montant devra s'élever à 520 francs. »

« Il devra, en outre, entretenir la chapelle en luminaires et autres menus objets nécessaires à la célébration du culte ; ces frais seront couverts par le produit de la cire que fournissent annuellement les élèves pour leur assistance à la procession de la Fête-Dieu. »

« Les réparations locatives incombent à M. Gallon-Labastide.

» Le maire abandonnera au principal tous les bénéfices en tous genres qu'il pourra faire dans l'établissement, et ne se réservera que le droit de continuer à disposer de 20 places gratuites. »

---

[1] Il s'agit du collège de Graves, qui fut dirigé par les Pères du Sacré-Cœur.

Des traités analogues furent passés pendant plusieurs années, et l'allocation fournie par la ville suivit une progression ascendante. Ce surcroît de dépenses était nécessaire pour conserver un collège de plein exercice. Dans ce but, non seulement la situation du personnel fut améliorée, conformément aux dispositions de l'ordonnance de 1839, mais encore de nouveaux cours furent créés.

Enseignement des langues vivantes

En 1842, M. Othon Riemann enseigna à 45 élèves l'allemand et l'anglais, et il proposa même au Conseil municipal « d'ajouter au cadre de ces langues vivantes l'étude de la langue espagnole ».

Création de chaires de mathémathiques et d'histoire

Le 2 juin 1845, fut votée la création d'une chaire de mathémathiques spéciales ; mais ce vote ne fut émis qu'après la promesse ferme, qu'un professeur d'histoire, subventionné par l'Etat, serait envoyé au collège. Cette chaire d'histoire fut fondée le 19 mai 1846, et elle ne resta à la charge de l'Etat que jusqu'au 1er octobre 1851.

M. Lapeyre prend le collège à son compte aux mêmes conditions que son prédécesseur

Le 13 octobre 1850, M. Lapeyre remplaça M. Gallon-Labastide et s'engagea à prendre à sa charge toutes les dépenses du collège, moyennant la subvention de 6.725 francs. Cette somme fut augmentée, l'année suivante, de 500 francs, en raison de la concurrence qu'aurait à soutenir l'établissement contre les institutions que ferait surgir la loi du 15 mars sur l'enseignement.

Loi Falloux

Cette loi, dite loi Falloux, du nom du Ministre qui la proposa, supprimait le certificat de présence dans un collège de l'Etat, nécessaire pour se présenter aux examens. Elle proclamait la liberté d'enseignement et permettait au clergé d'ouvrir des maisons d'éducation. Un rude coup devait être porté à beaucoup d'établissements universitaires, car les conseillers municipaux avaient le droit d'opter entre leur collège déjà existant et une institution libre.

M. Capella demande à créer au collège une institution libre

Se basant sur cette disposition de la loi, M. L. Capella, chef d'institution à l'Isle-en-Dodon, ancien principal de collège, professeur de philosophie, de rhétorique et de langues vivantes, pria, le 3 août 1852, la municipalité de lui céder les locaux affectés au collège. Il donnerait un enseignement littéraire et scientifique, conforme au décret du 10 avril dernier, et tandis que la ville était obligée de voter pour son établissement une allocation très onéreuse, il ne demandait que le bienveillant patronage des autorités.

Le Conseil préféra conserver son collège communal, auquel il vota une subvention de 7275 francs et il prit l'engagement, imposé par la loi, de garantir pendant 5 ans le traitement du principal et des professeurs.

Nouveau déclin du collège

L'établissement comptait alors 190 élèves, dont 50 internes. Ce chiffre diminua de près d'un tiers l'année suivante, et cette diminution est due en grande partie à la prospérité de l'institution de Graves. Le Recteur de l'Académie départementale de l'Aveyron écrit au maire en 1853 : « Je ne partage point les craintes que l'on manifeste sur le sort du collège de Villefranche. C'est une crise passagère, qu'il faut combattre hardiment, mais avec la confiance qu'elle n'est pas sans remède. Les professeurs redoubleront de zèle et retrouveront des forces et un courage égal aux difficultés et aux périls de la situation. La concurrence est redoutable sans doute ; mais les pères de famille se persuaderont vite que le personnel enseignant du collège est supérieur à ses rivaux pour la science de l'expérience, et qu'il ne leur cède en rien sous le rapport moral et religieux. »

Le relèvement du collège

Dès l'année suivante, le collège commença à se relever. L'école primaire supérieure, composée de trois cours, eut plus de 40 jeunes gens de 14 à 20 ans, qui se destinaient à l'agriculture, au commerce et à l'industrie. Cette même année (1854) les quatre élèves, qui se présentèrent au concours des Arts et Métiers, furent admis dans un bon rang à l'école d'Aix.

A partir de 1855, sous la direction de M. l'abbé Laubie (10 juillet 1855-29 mars 1865), l'établissement « entra dans une situation meilleure au point de vue de la discipline, des soins matériels et intellectuels donnés aux élèves, et aussi au point de vue de leur nombre ».

Projet de vente du collège à la Communauté de la Sainte-Famille

En 1858, le principal exposa au Conseil d'administration que le couvent de la Sainte-Famille venait de faire construire une grande bâtisse et avait converti en cour pour les élèves la partie de son enclos qui logeait la grande cour du collège. « Cet état de choses, ajouta-t-il, présente des inconvénients pour les deux établissements. La ville agirait sagement en cédant à la communauté de la Sainte-Famille, à des conditions qui seraient réglées entre elles, le collège avec toutes ses dépendances ; elle ferait ensuite construire un nouvel établissement sur un emplacement convenable. »[1] Le bureau d'administration déclara à l'unanimité qu'il verrait avec plaisir la réalisation de ce projet et engagea le principal à faire ce qui dépendrait de lui pour y donner suite.

Le maire ne partagea pas cette manière de voir. « Le collège, dit-il, est situé au centre de la ville, à proximité des enfants. Les plus heureuses conditions

[1] Archives du collège.

d'agrément et de salubrité s'y trouvent réunies, et les bâtiments eux-mêmes présentent un ensemble de dispositions tout à fait approprié à leur destination. Pourquoi transporterait-on l'établissement ailleurs ? De plus, le conseil ne peut se prononcer, sans que le couvent ait fait une demande formelle d'achat. » Cette demande se produisit-elle ? Nous n'en avons trouvé aucune trace ; mais nous connaissons la déclaration faite le 9 avril 1859 par la Supérieure Générale de la Ste-Famille. « La Communauté fera exhausser à ses frais le mur qui forme la séparation entre la grande cour du collège et l'enclos du couvent, sans que cet exhaussement forme preuve ou présomption d'un droit, soit de propriété exclusive, soit de mitoyenneté de ce mur. »

Don à la ville du cabinet géologique et minéralogique de M. Milhet

A cette époque, M. Furbeyre fit don à la ville du cabinet géologique et minéralogique de M. Milhet, ancien juge de paix de Villefranche. Ces collections furent installées au deuxième étage de l'hôtel de ville et servirent à l'enseignement de la chimie pour les élèves du collège [1].

Création d'une médaille d'or pour le prix de composition française et de médailles d'argent pour le prix d'excellence.

En 1856, une médaille d'or fut offerte par M. A. Chevalier, député, à l'élève de rhétorique qui obtiendrait le premier prix de discours français. La médaille d'or fut décernée cette année-là à M. Austry Léon. Pareille faveur fut accordée jusqu'en 1868 par M. Chevalier, ensuite par M. V. Cibiel, et de 1870 à 1889 par M. Alfred Cibiel.

C'est en la même année 1856 que le conseil municipal décida de remplacer les prix d'excellence par

---

[1] *Histoire de Villefranche* par L. Guircadet. Journal la Gazette de Villefranche du 27 novembre 1886.

des médailles d'argent. Ces médailles furent régulièrement distribuées jusqu'en 1906, époque à laquelle eut lieu la dernière distribution de prix.

Succès au concours académique

En 1864, trois élèves du collège obtinrent des nominations au concours académique et furent récompensés de ce succès par des prix municipaux. Nous sommes heureux de pouvoir livrer à la postérité le nom de ces lauréats, ainsi que celui de leurs camarades puînés qui remportèrent des lauriers, tant qu'exista le concours entre les lycées et collèges de l'Académie de Toulouse [1].

Projet de mise en régie du collège

M. l'abbé Laubie mourut le 29 mars 1865, et son successeur, M. Colombié, ne fut installé que le 16 avril. Dans l'intervalle, M. Vertier remplit les fonctions d'économe. Vu les bénéfices réalisés pendant cette gestion, le maire crut qu'il était de son devoir de proposer la mise en régie du collège. D'après ses calculs, déduction faite des frais d'économat et de l'indemnité à accorder au principal, la ville aurait un boni annuel de 3.000 fr. Une partie de cette somme pourrait être employée à améliorer le sort des régents, et l'autre servirait à dégrever le budget de la commune, dont les charges augmentent constamment.

M. Colombié fit remarquer que ce n'était pas sur une période de quinze jours que l'on devait se baser, pour établir la moyenne des frais d'entretien du pensionnat, et cela d'autant moins que la régie du collège avait été faite par la ville pendant le carême. Avec des chiffres à l'appui, il montra que cette réforme ne serait nullement avantageuse à la commune, et demanda par conséquent le maintien du *statu quo*. Il fut alors décidé que le pensionnat resterait au compte du principal, à la condition que chaque interne verserait annuellement dans la caisse municipale la somme de 120 fr.

[1] Voir appendice, p. XIV, p. 168.

M. Colombié, pendant les trois ans qu'il resta à la tête de l'établissement, ne négligea rien pour assurer la prospérité du collège. Il sut joindre la bonté à l'énergie, et eut la satisfaction de voir ses efforts pleinement couronnés de succès.

Création d'un Petit Collège

Son successeur, M. Cottin, fut, lui aussi, plein de zèle et de dévouement. Dès son arrivée (août 1868), il se proposa de faire du collège deux établissements distincts : le grand et le petit collège. « Rien ne serait changé dans le régime habituel du premier de ces établissements, et le second formerait un pensionnat tout à fait séparé, où les jeunes enfants seraient l'objet de soins de tous les instants. » Les deux collèges furent prospères et eurent, en 1870, 171 élèves dont 56 pensionnaires.

Institution d'examens trimestriels

Pour stimuler l'ardeur des écoliers, M. Cottin institua des examens trimestriels, auxquels pouvaient assister, en dehors du personnel enseignant, les anciens professeurs et les notabilités de la ville. Cette innovation donna les bons résultats qu'on était en droit d'en attendre.

M. Cottin, dont l'activité était infatigable, aurait probablement apporté de nouvelles modifications, s'il eût séjourné plus longtemps au milieu de nous ; mais il quitta trop tôt Villefranche pour St-Gaudens, où un assez grand nombre d'élèves le suivirent. (1873).

Diminution de la population scolaire

M. Blusson trouva l'effectif scolaire considérablement amoindri par cette émigration. En présence de cette diminution « qui porta spécialement sur les élèves latinistes », quelques membres du conseil proposèrent de doubler plusieurs classes. Mais la majorité, craignant que la gémination produisît de fâcheux effets, ne fut pas de cet avis, et décida dans la séance du 7 mai 1874 de maintenir pour un an le traité actuel, qui expirait en décembre. Pendant ce temps « on rechercherait la meilleure solution possible pour concilier la réorganisation complète du collège avec l'état des finances de la ville ».

Le ministre de l'Instruction publique écrivit alors au maire que les prescriptions formelles de l'art. 74 de la loi du 15 mars 1850 ne permettaient pas d'approuver cette délibération « qui plaçait le collège dans les conditions les plus précaires d'existence et qui rendaient impossibles toutes les améliorations », et il pria la municipalité de renouveler purement et simplement l'engagement quinquennal.

L'évêque de Rodez demande la direction du collège

Une Commission, composée de MM. Béguin, De Pomairols, Farjou, Grailhes et Maruéjouls, avait déjà remis son rapport, où elle concluait au renouvellement de cet engagement, lorsqu'elle reçut communication d'une lettre de l'évêque de Rodez, adressée à son vicaire général, M. Noguéry. La lettre est ainsi conçue : « Cette chère ville s'impose de bien grandes dépenses pour de très pauvres résultats. Je vous prie de voir les membres du conseil municipal et de leur dire que s'ils veulent me confier la direction de leur collège pour 5 ans, sauf à renouveler le bail, je m'engage, moyennant une subvention de 3000 fr. par an, à leur fournir un corps complet de professeurs, y compris la philosophie, avec des licenciés ès-lettres et ès-sciences dans les classes supérieures, lesquels prépareront au baccalauréat et feront dans les basses classes des cours de français et d'industrie, de façon que le collège de Villefranche soit à la fois un collège de latinité et d'enseignement intermédiaire, fonctionnant dans les meilleures conditions de talent et de moralité que l'on puisse désirer. »

Aussitôt cette demande connue, une pétition circula en ville, et peu de temps après, les conseillers municipaux reçurent la supplique suivante, recouverte de plus de 800 signatures. « Les soussignés ont l'honneur de vous prier de maintenir le collège dans les conditions actuelles. C'est au nom de la liberté des pères de famille qu'ils s'adressent à vous ; les personnes qui préfèrent l'enseignement ecclésiastique trouvant déjà toute satisfaction dans l'institution de M. l'abbé Revel et dans l'établissement des Pères de Graves. »

C'est à la séance du 9 août que devait être tranchée la question. M. Émile Maruéjouls, alors Conseiller de Préfecture de la Seine, et qui devint plus tard Député de l'Aveyron et deux fois Ministre, craignant pour l'existence de l'établissement universitaire, où il avait fait ses études, n'hésita pas à venir de Paris plaider la cause du collège. « Les partisans de l'instruction par le clergé ont, dit-il, aux portes de la ville, des établissements dirigés par des prêtres. Il est bon que ceux que leur préférence porte vers l'instruction laïque aient dans le collège un établissement universitaire. Le conseil se montrera libéral, en pensant qu'une aussi importante satisfaction donnée à la conscience des pères de famille vaut bien un sacrifice de sa part. D'ailleurs l'enseignement religieux est et a toujours été donné au collège d'une façon satisfaisante. »

« Si la ville abandonne le collège, c'est l'intérêt des pauvres gens qu'elle abandonne en même temps, car l'institution des bourses fût-elle maintenue (un point qui est passé sous silence dans la lettre de l'évêque), il est certain que l'accès du collège ne serait plus ouvert avec la même libéralité. »

« L'intérêt du personnel enseignant est aussi à envisager. Les professeurs devront s'expatrier, ou bien, s'ils restent, ils perdront les droits acquis à la retraite, et au lieu d'être des fonctionnaires publics, ils seront soumis au caprice d'un chef qui n'hésitera pas, à la moindre occasion, à les remplacer par des prêtres. »

« Sans doute, la proposition de l'évêque est avantageuse ; mais il y a une équation à établir entre les avantages que présente, d'un côté l'abandon du collège, et de l'autre sa conservation. La ville se trouve dans la situation d'un homme momentanément gêné, à qui l'on offrirait, pour se tirer d'affaire, d'abandonner ses plus chères reliques de famille. Ce sont des sacrifices qu'on ne fait qu'à la dernière extré-

mité. Or, ce moment n'est pas venu pour le collège.
La situation de l'établissement n'est pas si mauvaise
que veulent le dire certaines personnes intéressées.
Il suffirait, pour le voir refleurir, de fortifier l'enseignement des sciences et des langues vivantes en vue
du baccalauréat et d'organiser des cours préparatoires aux examens des postes et contributions. »

Après cet éloquent plaidoyer, la cause était gagnée,
et bien qu'un membre ait fait ressortir l'économie
qui résulterait pour la ville de la cession du collège,
le conseil décida par 16 voix contre 5 et 1 abstention
de ne pas accepter l'offre de l'évêque.

Il renouvela l'engagement quinquennal avec le
principal, les réformes jugées nécessaires devant être
immédiatement étudiées de concert avec l'administration universitaire.

La Commission de l'Instruction publique se mit
aussitôt à l'œuvre. Après avoir constaté que l'enseignement spécial, dont les bons résultats avaient été
reconnus dans des rapports officiels, devait être
dans un avenir prochain une source de prospérité
pour le collège, elle fut d'avis qu'il y avait lieu de
s'occuper uniquement de l'enseignement classique,
dont la situation était loin d'être satisfaisante. Il
faudrait :

1° « Voter la création d'une chaire de sciences
physiques et naturelles, et le traitement d'un professeur licencié pour cette chaire. »

2° « Obtenir que la rhétorique fût distincte et
séparée, et continuât d'être occupée par un licencié. »

3° « Demander que les classes de 2° et 3°, qui
pourraient être réunies, eussent également un professeur licencié. »

4° « Solliciter du ministère un professeur payé par
l'Etat et chargé spécialement de l'enseignement de
la langue allemande (complément indispensable des
réformes précitées). »

5° « Exprimer le vœu qu'il fût créé, avec le concours
de tous professeurs utiles, des conférences spéciales
pour les examens du baccalauréat et de fin d'études. »

Les conclusions de la Commission furent adoptées
à l'unanimité dans la séance du 31 octobre 1875, et
c'est sur ces bases que fut voté le budget pour 1876.

Division des collèges en catégories

Cette même année, le gouvernement ouvrit un crédit de 700.000 fr. pour les collèges communaux qui seraient divisés en catégories selon leur importance et les traitements garantis à chaque chaire. Villefranche aurait bien voulu augmenter le traitement de ses professeurs, pour faire classer l'établissement dans la catégorie la plus élevée possible ; mais l'état de ses finances ne lui permit pas de consentir à la moindre augmentation.

Bourse accordée aux deux meilleurs élèves de l'école laïque

Le 13 août 1876, le Conseil, désireux d'encourager les efforts et de récompenser le zèle des élèves des écoles primaires, délibéra que les deux plus méritants de la division supérieure pourraient suivre gratuitement les cours de l'enseignement spécial du collège pendant trois années consécutives.

Refus d'accorder la gratuité des études à tous les jeunes gens natifs de Villefranche

En 1877, il fut décidé que les élèves nés dans la commune bénéficieraient de la gratuité d'enseignement, sauf pour les classes primaires. Ce vote ne fut pas agréé par l'autorité supérieure, et rien ne fut changé à la rétribution collégiale.

Nouveau projet de mise en régie du collège

En 1879, il fut question, à nouveau, de la mise en régie du collège. M. Cot, rapporteur de la Commission, établit un parallèle entre les deux modes de gestion. « L'entreprise à forfait, faisant du principal un industriel d'un ordre particulier, lui enlève de sa dignité, de son prestige et de son autorité, en le laissant soupçonner de spéculation mercantile. L'administration en régie, au contraire, raffermit la confiance des familles, car le principal, dégagé de tout souci matériel, peut donner à la discipline une allure plus énergique et aux études une direction plus haute et plus attentive. »

« Ce genre d'administration, d'un caractère impersonnel, qui permet de conclure avec les fournisseurs des traités avantageux, a partout produit d'excellents résultats. Pour ne citer qu'un exemple, le collège de Figeac, en décadence depuis quelques années, a été relevé par ce moyen, et il compte aujourd'hui 220 élèves, dont 94 internes. Il n'y a aucune raison pour que Villefranche échappe à la loi commune; aussi est-il du devoir de la municipalité d'essayer de ce mode de gestion, pour rendre au collège la prospérité des temps passés. »

La proposition, mise aux voix, fut adoptée à l'unanimité.

Mais pourquoi cette décision ne fut-elle pas exécutée? Pourquoi, après le départ de M. Roumiguié, le collège fut-il laissé au compte de son successeur, M. Rousseau? Aucun document n'a pu nous renseigner à ce sujet.

Démolition et reconstruction du collège

Le 5 mai 1880, le Recteur de l'Académie de Toulouse écrivit au maire : « Laisser plus longtemps le collège dans cet état de délabrement, ce serait compromettre ses intérêts et en même temps ceux de la ville. Si nous voulons y ramener, y retenir des élèves, la première condition est d'assurer pour tous les services une installation convenable. »

Le Conseil décida de ne pas se prononcer là-dessus avant que le Parlement eût statué sur les projets de loi présentés aux Chambres législatives par Jules Ferry.

Dès que fut connu le décret du 4 janvier 1881, améliorant sensiblement la situation des professeurs de collège et prescrivant aux villes de garantir pendant dix ans le traitement de ces fonctionnaires, la commune n'hésita pas à prendre cet engagement à partir du 1er janvier, et elle se mit de suite à étudier la question de la restauration de l'établissement.

Plusieurs plans furent adressés au Ministère, mais retournèrent à la mairie, sans avoir été approuvés.

D'où provenait ce refus ? L'architecte avait, sur les indications de la municipalité, cherché à utiliser les bâtiments existants, tandis que le Ministère demandait une transformation totale.

« En présence de ces exigences, qu'on ne peut satisfaire qu'en démolissant l'immeuble actuel, je me demande, dit M. Pechdo, dans la séance du 12 février 1881, s'il n'y aurait pas avantage à ériger un collège neuf. »

« Il en coûte de voir détruire des bâtiments solidement construits, qui ont de la valeur. Cette démolition ne s'expliquerait que si l'établissement était entièrement inutilisable. Or, il n'en est pas ainsi ; avec quelques réparations, on peut avoir un collège capable de rivaliser avec ceux des villes voisines. »

« Mais, si, au lieu de réparer, on veut faire des transformations équivalant à une reconstruction, et dépenser plus de 100.000 francs, le terrain, sur lequel le collège est bâti, n'est pas celui qui convient. Sa situation en contre-bas du boulevard de la Douve et les formes irrégulières du terrain sont des inconvénients sérieux. Le meilleur emplacement serait dans les jardins des ruelles, sur le tracé d'une rue traversant ces jardins. »

« Si le Conseil adoptait cette manière de voir, on mettrait en vente le collège actuel. Le produit de cette vente et les secours accordés par l'État couvriraient la plus grosse partie des dépenses, et la ville aurait ainsi, à très peu de frais, un établissement tout neuf et bien situé. »

Ce projet fut combattu par MM. Cot et Cancéris. Le premier, craignant que la Congrégation de la Ste-Famille fût seule à même d'acheter le collège, déclara qu'il y avait lieu d'éviter l'augmentation des biens de main-morte ; le second engagea le conseil à ne pas vendre l'établissement, qui avait été refusé en 1874 à l'évêque de Rodez.

M. Pechdo fit alors remarquer qu'il n'y avait pas la moindre similitude entre les deux cas. « L'évêque voulait établir au collège un enseignement congréganiste, tandis qu'il s'agissait maintenant de ne vendre que le bâtiment et de conserver l'institution du collège communal. »

Sur ce, MM. Cancéris, Cot, Farjou et Pechdo furent chargés d'étudier la question et de fournir un rapport sur les modifications qui pourraient être apportées aux décisions antérieures.

Après un échange de correspondance avec le Ministère, il fut décidé que le collège des Doctrinaires serait rasé et qu'un établissement approprié aux exigences modernes serait érigé sur le même emplacement.

Dans la séance du 5 février 1882, le conseil approuva les plans qui lui furent soumis ; mais il demanda à l'Etat de payer la différence du prix de construction entre le devis primitif et le plan actuel, dressé conformément aux instructions de l'autorité supérieure.

Les travaux de démolition commencèrent au mois d'août 1883, et pendant deux ans, jusqu'à fin juillet 1885, le collège fut transféré à l'hôtel de ville. Les locaux furent suffisants pour loger 117 élèves, dont 15 pensionnaires.

Différend avec la Fabrique de St-Joseph

Le presbytère de St-Joseph avait été démoli en même temps que l'établissement, et son ancienne cour ou jardin allait être annexée à la cour du collège. La fabrique de la paroisse en revendiqua la propriété ; elle se pourvut en référé et obtint, à la date du 23 juin 1885, une ordonnance du président du tribunal, enjoignant de suspendre les travaux entrepris sur la partie litigieuse. Le conseil municipal, réuni le 4 juillet, décida d'entamer un procès contre la Fabrique, afin que celle-ci « effectuât immédiatement le délaissement de la cour ou jardin en litige, et murât les ouvertures qui y donnaient accès et qu'elle avait indûment pratiquées ».

Le préfet proposa la transaction suivante : « Le conseil de fabrique abandonnerait ses prétentions à la propriété de la dite cour, mais la ville rétablirait l'ancienne porte, qui faisait communiquer le vestibule de la sacristie avec le boulevard de la Douve et construirait des latrines à l'angle de l'église. »

Les deux parties acceptèrent cette proposition, et les difficultés furent ainsi aplanies.

CHAPITRE VI

Le nouveau Collège

Du bâtiment des Doctrinaires, il ne restait plus que le souvenir. Les belles classes voutées, si chaudes l'hiver et si fraîches l'été, avaient été détruites par la dynamite, et sur le même emplacement se dressait un établissement tout battant neuf, qui, au dire de la grande majorité des Villefranchois, ne présentait pas les mêmes avantages que l'ancien.

L'architecte, M. Henri Clapier, avait eu tort de faire extraire des centaines de mètres cubes de terre pour placer les cours en contre-bas du boulevard, et il avait, en outre, négligé de réserver pour les cérémonies une grande pièce, qui aurait dû remplacer la salle de congrégation des Doctrinaires.

Le nouvel édifice avait cependant sur l'ancien une supériorité incontestable ; il était bien mieux éclairé et beaucoup plus aéré. Cet avantage résultait surtout de ce qu'une rue avait été ouverte entre le collège et le couvent de la Ste-Famille, ouverture dont la nécessité avait été reconnue dès 1821.

Les frais de démolition et de reconstruction s'étaient élevés à 171.438 fr. (dépense dont l'Etat prit la moitié à sa charge), et une somme de 3.835 fr. avait été nécessaire pour faire l'acquisition du nouveau mobilier.

Les classes s'ouvrirent le 3 octobre 1885. Le 10 du même mois, la chapelle, qui venait d'être aménagée au deuxième étage, fut bénite par M. l'aumônier Brévier et dédiée à saint Alexis, et un chemin de croix, « via crucis », y fut établi le 6 novembre suivant, conformément aux instructions épiscopales.

La ville, après les sacrifices qu'elle s'était imposés, s'attendait, à juste titre, à voir le collège s'emplir d'écoliers. Il n'en fut hélas rien !

L'établissement compta moins d'élèves que l'année précédente : il n'y eut que 18 pensionnaires et 76 externes, et ce nombre ne fit que diminuer progressivement. En 1889, nous n'y trouvons plus que 77 élèves, parmi lesquels 29 boursiers, et l'année suivante ce chiffre se réduisit à 60 : 7 internes, et 53 externes, dont 19 seulement suivaient les classes de latin.

Le collège se débattait dans une longue et douloureuse agonie, et cette situation était d'autant plus pénible, que l'engagement décennal passé entre la Ville et l'État venait à expiration le 1ᵉʳ janvier 1891. La municipalité le renouvellerait-elle ?

Projet de cession du collège à l'évêque de Rodez

Dans la séance du 26 février 1890, une Commission composée de MM. Besson, Cestan, Delpech, Loubatières et Magne, fut chargée « de chercher une combinaison qui conserverait le collège, mais en même temps permettrait de réaliser de très importantes économies ».

M. Cestan, nommé rapporteur, exposa le 11 juin les décisions de la Commission :

1° « Étant donné que les dépenses s'élèveront pour 1890 à 26.255 fr., et que la rétribution collégiale n'atteindra même pas le chiffre prévu de 4.138 fr., d'où il résultera pour la ville un déficit d'au moins 22.117 fr., il est absolument impossible de renouveler vis-à-vis de l'Université l'engagement décennal, qui expire au 1ᵉʳ janvier prochain. »

2° « L'engagement ne peut être souscrit dans les termes proposés par M. le Recteur; l'avantage qui en résulterait pour les finances de la commune ne pouvant procurer une amélioration dans la situation actuelle, mais devant conduire le collège à une fin encore plus prochaine. » (M. le Recteur était d'avis d'augmenter la pension des internes et de réduire le nombre des professeurs.)

3° « Il ne convient pas de faire du collège une simple école primaire supérieure, ni de le transformer en une école d'enseignement spécial ou en une école professionnelle ; mais il importe de conserver les cours complets de l'enseignement classique. »

4° « Il y a lieu de traiter avec Mgr l'Evêque de Rodez pour établir, dans les bâtiments communaux affectés à cet usage, un collège d'enseignement secondaire classique de plein exercice et d'enseignement secondaire spécial avec des professeurs bacheliers pour la plupart et même des licenciés ès-lettres et ès-sciences. »

« Le collège serait entretenu et dirigé par les soins de Mgr l'Evêque de Rodez et à ses frais, moyennant le bail des bâtiments et du mobilier scolaire et une subvention annuelle de 3.000 fr., et ce pour une durée de dix ans. »

« Ce traité aurait pour conditions expresses :

1° Que les professeurs, originaires de Villefranche, seraient, s'ils le désiraient, conservés au nouveau collège, pour y continuer leur enseignement, le traitement qu'ils recevraient devant être complété jusqu'à telle somme à indiquer.

2° Que les boursiers actuels seraient maintenus jusqu'à la fin de leurs études, sauf leur départ volontaire ou leur renvoi pour manquement à la discipline. Ils seraient remplacés, une fois le chiffre de 20 obtenu, à suite d'extinction, par 20 boursiers à désigner par le conseil municipal, d'accord avec le Directeur de l'établissement, le montant de toutes les bourses devant être payé par la ville au prix de l'externat correspondant. »

Après la lecture de ces conclusions, M. Fabre, ancien professeur du collège et ancien maire de Villefranche, se leva et dit : « Quelles sont donc les causes de l'affaiblissement du collège ? »

« La première est la campagne acharnée que mène le clergé contre lui. »

« La deuxième est la chasse sauvage que l'on fit en 1869 aux habitants du bassin houiller aux cris de : « pas d'étrangers », et cependant cette région fournissait 20 pensionnaires. »

« La troisième cause est la conduite qu'ont adoptée pour des motifs politiques les familles riches. Les parents, qui ont été élevés dans cette maison, envoient leurs enfants au dehors et aiment mieux s'en priver que de contribuer à la prospérité du collège. »

« Si cette émigration n'avait pas lieu, la rétribution collégiale s'élèverait rapidement dans de grandes proportions, et le collège ne coûterait pas à la ville plus que ce qui est proposé à l'Évêque. »

« D'après le projet de M. le Recteur, les classes ne seraient pas géminées. Le même professeur serait, il est vrai, chargé de deux classes ; mais jamais les élèves de deux classes différentes ne seraient réunis ; les études ne souffriraient donc pas de cet arrangement. »

« Les élèves, à la sortie de la pension Revel, peuvent continuer leurs classes à Graves. Pourquoi vouloir imposer un autre petit séminaire à la ville ? La majorité des habitants n'est pas de cet avis. »

« L'État a donné 84.000 fr. pour la reconstruction du collège. Est-ce pour que la ville en fasse cadeau à l'Évêque ? L'État ne réclamera-t-il pas son argent ? »

« Où sont les garanties fournies par l'Évêque ? Il y aurait des professeurs qui ne seraient pas même bacheliers ; l'instruction serait confiée à de jeunes abbés, sortant du séminaire, tout imprégnés de théologie, qui, subitement, par la volonté de leur supérieur, seraient transformés en excellents maîtres, chargés de développer à la jeunesse les programmes universitaires. »

« Et, Messieurs, si le petit séminaire ne marchait pas selon vos prévisions ? Il faudrait augmenter la subvention ou fermer l'établissement. La situation serait alors pire. »

« D'après le rapport de la Commission, la ville doit accorder une subvention de 3.000 fr. à l'Évêque, elle consacrera environ 2.000 fr. à l'entretien de 20 boursiers, et elle devra donner aux professeurs plus de 5.000 fr. pour parfaire le traitement, soit une dépense totale de 10 à 11.000 fr. Quelle sera alors l'économie ? 5 à 6000 fr. Et c'est, Messieurs, pour cette misérable somme, qui sera sans doute absorbée par les exigences de votre combinaison, que vous voulez détruire l'œuvre de vos pères ? »

« Vous voulez chasser l'enseignement universitaire de la ville, croyez-vous que vous le chasserez de l'arrondissement ? Il sera recueilli par une ville voisine, à qui vous donnerez des armes pour réduire notre sous-préfecture à l'état de simple chef-lieu de canton. Vous ne voudrez pas assumer cette responsabilité ; votre conscience et votre patriotisme vous en empêcheront. »

M. Dubruel répondit ensuite à M. Fabre : « Tout le monde est d'accord que les dépenses du collège sont disproportionnées aux avantages. »

« Il y a parmi les amis de M. Fabre des pères de famille, qui se fâcheraient bien haut, si on les supposait capables de subir une pression cléricale, et qui, cependant, envoient leurs enfants dans des établissements laïques ou congréganistes, soit à Villefranche, soit ailleurs. C'est qu'ils n'ont pas confiance dans l'éducation donnée au collège. »

« Si la décadence provenait de la campagne électorale de 1869, c'est dès la rentrée d'octobre, alors que les ardeurs de la lutte n'étaient pas éteintes, qu'elle se serait manifestée. Or, en 1871, la rétribution collégiale a été de 13.245 fr., alors qu'elle ne s'élèvera pas cette année au delà de 3.000 fr. »

« Cette décadence ne viendrait-elle pas de la disparition des vieux professeurs qui, étant de Villefranche, destinés à y vivre et à y mourir, considéraient leurs élèves comme une seconde famille ? Loin de moi de supposer que les professeurs actuels ne sont pas à la hauteur de leur tâche ; mais le plus souvent ils ne font que passer. A peine connus et estimés, ils disparaissent, et les pères de famille tiennent à savoir entre les mains de qui se trouveront leurs enfants. »

« Quoiqu'il en soit, une modification s'impose. Essayons pendant dix ans le système adopté par la Commission. Si nous n'en recueillons pas les avantages espérés, nous verrons alors ce qu'il convient de faire. »

« Quant aux craintes de M. Fabre, sur le point de droit, il s'agit de donations faites par l'Etat sans conditions. Celui-ci n'a rien à revendiquer d'après les dispositions de la loi du 3 juillet 1880. »

Après quelques observations de M. Garrigues, pour qui le projet porterait atteinte à la liberté des pères de famille, de M. Farjou, qui ne voit dans cette combinaison que la réalisation de tendances politiques, et de M. Vaissettes, maire, qui fait ressortir l'importance de l'économie pour les finances de la ville, il fut procédé au scrutin public sur les conclusions du rapport de la Commission.

MM. Andorre, Bras, Fabre, Farjou, Garrigues, Marre, Marty, Miral, Orcibal et Tarayre votèrent contre ces propositions, en faveur desquelles se prononcèrent MM. Béguin, Besson, Cestan, Cibiel, Delpech, Dubruel, Loubatières, Magne, Prompt, Théron et Vaissettes.

Les vues de la Commission furent donc adoptées par 11 voix contre 10.

Dans la séance du 12 août 1890, lorsqu'il fut question de la subvention à accorder au collège libre, M. Fabre présenta l'amendement suivant :

« Le soussigné, membre du conseil municipal,

Vu les articles 68 et 69 de la loi sur l'organisation municipale du 5 avril 1884;

Considérant que le conseil municipal n'a pas qualité pour rendre exécutoire une délibération portant sur le changement d'affectation d'une propriété communale, déjà affectée à un service public ;

Considérant qu'on ne peut pas contester que les bâtiments du collège ne fussent affectés à un service public, puisque cet établissement était placé sous la direction du Ministre de l'Instruction publique ;

Considérant qu'il est non moins incontestable que l'entreprise faite par l'évêque de gérer le collège à ses risques et périls est une entreprise particulière ; qu'il y a donc désaffectation ;

Considérant que la délibération du 11 juin dernier n'a pas été approuvée par M. le Préfet, que par suite elle ne peut recevoir son exécution, ce qui implique la fermeture du collège ;

Considérant que le conseil municipal ne s'est pas pourvu devant le Ministre de l'Intérieur ;

Considérant qu'une ville de l'importance de la nôtre ne peut être privée de l'enseignement secondaire; que le conseil municipal assumerait une lourde responsabilité en privant les élèves qui ont avancé leurs études du moyen de les finir ;

Considérant enfin que certains membres du conseil, en présence de l'émotion douloureuse causée en ville par le vote du 11 juin, ont regretté ce vote,

A l'honneur de proposer au conseil municipal d'élever la dotation du collège à la somme de 16.000 francs demandée par M. le Recteur. »

Cet amendement fut repoussé au scrutin secret par 9 voix contre 8.

Une proposition de M. Bras, tendant à renouveler pour deux ans seulement le traité avec l'Université, fut également rejetée par 9 voix contre 8.

Le collège universitaire allait donc être transformé en collège libre, lorsque M. Cestan annonça, dans la séance du 27 septembre 1890, que le traité projeté avec Mgr Bourret, évêque de Rodez, n'avait pas été signé par lui et ne le serait pas. Que s'était-il donc passé ? Le rapporteur se contenta de dire : « Monseigneur a été sans doute effrayé par les difficultés, que l'on a grossies à ses yeux, ou peut-être a-t-il eu d'autres raisons de s'abstenir. » Nous n'avons pas à rechercher les motifs qui dictèrent à l'évêque sa détermination ; nous constaterons seulement que, grâce à lui, le collège restait à l'Université.

Le conseil avisa immédiatement le Recteur qu'il adoptait ses propositions du 30 avril dernier, qu'il était tout disposé à renouveler l'engagement établi sur ces bases et qu'il espérait que la rentrée des classes aurait lieu le 6 octobre.

Relèvement du collège

La rentrée se fit, en effet, au jour indiqué, mais malgré toute la publicité donnée à la délibération du 27 septembre, qui avait été prise trop tardivement, l'établissement ne compta que 52 élèves.

L'État, ne sachant si le collège allait prospérer ou dépérir, ne voulut s'engager que pour un an ; il ne consentirait à l'engagement décennal, que si l'établissement comptait 80 élèves à la fin de l'année.

Ce chiffre fut atteint, et le traité constitutif entre le Maire et le Ministre de l'Instruction publique fut signé le 11 juillet 1891 avec effet à partir du 1er janvier.

Grâce à l'activité et au zèle d'un habile administrateur, M. Gibergues, à qui toute la population doit être reconnaissante, le collège renaquit de ses cendres, et le nombre d'écoliers alla toujours *crescendo*.

En 1892 il était de 102, en 1893 de 113, et en mars 1897 il atteignit le chiffre de 121.

M. Gibergues fut bien secondé dans sa tâche, non seulement par ses collaborateurs, mais aussi par la municipalité de Villefranche, qui ne négligea rien pour coopérer à la prospérité de l'établissement.

Le 21 août 1892, le Conseil vota, à la demande du principal, la création d'une chaire d'agriculture, qui fut pourvue d'un titulaire l'année suivante.

En 1895, sur la proposition de M. Lavabre, tout élève de l'école communale ayant le certificat d'études primaires fut autorisé à suivre gratuitement les cours de l'enseignement moderne. Cette faveur fut étendue, en 1897, aux enfants de l'arrondissement, déjà certifiés, qui auraient passé au moins un an dans une école laïque. Depuis le renouvellement du traité décennal de 1901, les internes seuls, remplissant les conditions voulues, bénéficient de la gratuité d'enseignement.

Le 26 février 1899, une nouvelle chaire de lettres fut créée et occupée dès la rentrée de Pâques.

Le 3 septembre de la même année, sur la demande de M. Desplas, qui reprenait un vœu déjà émis le 29 mai 1887 par M. Moly, il fut décidé d'ouvrir une école enfantine. « Cette classe, était il dit, serait pour le collège une pépinière d'élèves, qui, habitués de bonne heure à l'établissement, y continueraient leurs études. »

Le 23 août 1900, il fut alloué une subvention de 200 francs à un professeur chargé du cours d'espagnol. Cette somme fut portée, le 19 juillet 1902, à 400 francs, et il fut même entendu, le 10 mai 1903, qu'il serait créé une chaire d'espagnol de 2ᵉ ordre. Cette décision n'a pas encore reçu son effet.

La présence d'excellents élèves au collège contribua aussi à sa prospérité. Deux se signalèrent tout particulièrement : MM. Houlès et Houlié. Après avoir été reçus aux deux parties du baccalauréat avec la mention bien ou très bien, ils furent admis tous deux à l'Ecole normale dans la section des lettres. M. Houlié, qui, déjà, avait obtenu au collège le second prix de dissertation philosophique, au concours général des lycées et collèges, devait en 1906 être classé premier à l'agrégation de philosophie ; son camarade, M. Houlès, a été reçu au dernier concours à l'agrégation des lettres.

Création d'une association amicale des anciens élèves

Le collège devait être encore favorisé par la création d'une association amicale des anciens élèves.

Bien que plusieurs essais, déjà faits dans ce but, eussent avorté, notamment en 1867 et en 1875, nous entreprîmes cette tâche difficile peu de temps après notre nomination au collège de Villefranche, et nous fumes assez heureux pour la mener à bonne fin.

Le 26 mai 1900, dans une salle de l'Hôtel de Ville et devant une cinquantaine d'anciens élèves, nous exposâmes le but que devait poursuivre l'association : « conserver et développer l'esprit de camaraderie, encourager les élèves actuels par des récompenses, les guider à leur entrée dans la vie, venir au secours des condisciples malheureux, de leurs veuves et de leurs enfants, favoriser les entreprises faites pour maintenir et même élever la prospérité matérielle et morale de l'établissement ».

Dès le 31 mai, nous pumes donner lecture des statuts, que nous avions rédigés et qui, après quelques légères modifications, furent ratifiés par l'Assemblée générale. Ces statuts furent approuvés le 25 juin par l'autorité préfectorale, et le Comité de l'association fut constitué sous la présidence de M. Gibergues.

Dans la séance du 5 juillet, il fut décidé que l'association offrirait, à la prochaine distribution des prix, un ouvrage d'une valeur de 20 à 25 francs à l'élève terminant ses études, qui, pendant les quatre dernières années, se serait le plus distingué par sa conduite, son travail et ses succès. Le premier lauréat fut M. Pierre Colomb.

Le 12 juin 1903, le Comité vota un secours de 200 francs à des élèves intelligents et laborieux qui, faute de ressources suffisantes, ne pouvaient suivre les cours du collège. Ces bourses seraient renouvelées tous les ans aux titulaires, s'ils donnaient entière satisfaction à leurs maîtres ; sinon, elles seraient accordées à de plus méritants. Cette décision fut ratifiée par l'Assemblée générale du 4 juillet.

L'importance des secours distribués suivit une progression ascendante, en raison directe des ressources de la Société, et il fut alloué, cette année, à cinq jeunes élèves la somme de 400 francs. Espérons que, par suite de nouvelles adhésions, l'association pourra étendre bien plus son œuvre philanthropique.

La situation, est, du reste, satisfaisante. Au 1ᵉʳ janvier dernier, la Société se composait de 106 membres et avait en caisse 2.753 fr. 70. Il est veillé avec un soin jaloux à sa prospérité, ainsi qu'à celle du collège, par le Comité, constitué pour 1908 de la façon suivante :

Président : M. Albenque, Président Honoraire du Tribunal civil.
Vice-Président : M. Tarayre, Banquier.
Secrétaire Général : M. Gout, chef de Gare en retraite.
Secrétaire : M. Goudal, Professeur.
Trésorier : M. Foissac, Pharmacien.
Commissaires : MM. Bessière C., Négociant. Cabrol, U., Ancien Directeur des Postes et Télégraphes de l'Aveyron, Colombié P., Avocat, Laviale, Négociant.

. . . .

. . . .

. . . .

Nous aurions clos notre étude au début du xxᵉ siècle, si quelques faits, dignes d'être mentionnés, ne s'étaient produits depuis cette époque.

Demande de transformation des collèges communaux en collèges nationaux

Le 24 mai 1906, le conseil, renouvelant un vœu déjà exprimé le 21 août 1892, demanda la transformation des collèges communaux en collèges nationaux. Pour des raisons que nous n'avons pas à envisager ici, il est fort à craindre que ce vœu ne soit pas de sitôt réalisé.

Abandon des prix en faveur des inondés

Le 26 décembre de la même année, à la suite de pluies persistantes, l'Aveyron sortit de son lit, et atteignit 4 mètres 30 au dessus de l'étiage, hauteur à laquelle de mémoire d'homme elle n'était jamais monté, et elle causa de grands ravages. La municipalité, pour venir en aide aux familles les plus éprouvées et les plus nécessiteuses, décida d'employer divers crédits, entr'autres ceux des prix, au soulagement de ces misères. Nos collégiens firent, avec le même désintéressement que leurs ancêtres de 1830, abandon de leurs récompenses en faveur des infortunés.

Suppression des distributions de prix

Le 24 novembre 1907, le conseil pria le Ministre de l'Instruction Publique de consentir à la suppression des distributions de prix. Celui-ci entra dans les vues de la municipalité, et lui donna entière satisfaction par un avenant fait au traité constitutif.

Cette mesure fut diversement appréciée. Les uns craignirent que le manque de récompenses ne diminuât l'ardeur au travail ; les autres se félicitèrent, au contraire, que les jeunes gens fussent habitués de bonne heure à travailler par devoir et non par vanité.

Depuis plusieurs mois que cette décision est connue des élèves, nous n'avons remarqué aucun changement dans leurs habitudes. C'est dire que l'innovation ne sera pas préjudiciable aux études et que l'établissement n'aura pas à regretter cette modification.

Situation actuelle du collège

Actuellement le collège compte 115 élèves. C'est peu, et même bien peu, étant donnés les soins intellectuels et matériels que reçoivent les enfants. Il ne nous appartient pas de faire l'éloge du si sympathique principal, M. Ricoux, pas plus que de louer le dévouement du personnel enseignant ; mais il nous est permis de relater les nombreux succès obtenus tous les ans aux divers examens, et de nous demander pourquoi le collège n'est pas plus prospère.

La cause est facile à trouver. Notre établissement souffre du malaise, dont sont atteints la plupart des collèges communaux ; et il a comme eux à soutenir une triple concurrence, dont il ne saurait aisément triompher. Cette situation ne pourra guère s'améliorer, tant que ne sera pas abrogée la loi Falloux, ou que tout au moins n'aura pas été imposé le stage scolaire aux candidats au baccalauréat, tant que les collèges jouiront d'une réputation inférieure à celle des lycées, et tant que les écoles primaires supérieures sembleront détenir le monopole de la préparation à certains examens.

Des réformes s'imposent, et ce n'est que du moment où elles auront été accomplies, que les collèges communaux, et en particulier celui de Villefranche, pourront avoir de beaux jours de gloire et de prospérité.

CONCLUSION

De l'étude qui précède, il résulte que notre collège a eu à soutenir, à diverses époques, de terribles assauts, dont il est sorti victorieux, qu'il a été toujours entouré d'une auréole de considération et d'amour, et que les représentants du peuple n'ont jamais hésité devant les sacrifices de plus en plus nombreux que nécessitait son maintien.

La municipalité actuelle, composée de démocrates sincères, qui en grande partie ont été élevés sur ses bancs, aura à cœur de lui témoigner comme par le passé son affection et son estime. Et lorsqu'en décembre 1910 arrivera à expiration l'engagement décennal, elle ne se prononcera pas uniquement, espérons-le, pour le maintien du *statu quo ;* elle voudra encore donner un nouveau regain de vie à ce vieil établissement universitaire, digne à tous les points de vue de l'intérêt qu'elle lui porte.

Sans avoir la prétention de tracer à nos édiles la voie à suivre, nous leur indiquerons cependant que plus le collège se rapprochera du lycée, et plus il aura également d'analogie avec l'école primaire supérieure, plus il sera prospère. C'est à eux d'étudier les modifications nécessaires pour obtenir ce double résultat. Ils se rendront compte que des réformes sont, non seulement indispensables, mais encore urgentes, et que, sans grever énormément au début le budget municipal, elles seront par la suite une source de revenus pour la ville. Le nombre d'élèves s'accroîtra rapidement et dans de grandes proportions, et notre collège ne tardera pas à devenir un des plus florissants de l'Académie de Toulouse.

C'est ce que nous souhaitons de tout cœur et ce que nous espérons voir se réaliser dans un avenir très prochain.

APPENDICE

I

Extraits de la lettre de Julien de la Rivère, évêque de Sabine, au prévôt de l'église Notre-Dame et aux abbés de Loc-Dieu et Beaulieu (1481).

« Julianus, miseratione divina episcopus Sabinensis, cardinalis Sancti Petri ad Vincula nuncupatus, domini nostri papæ major penitentiarius in Francia... apostolicæ sedis legatus, venerabilibus in Christo patribus Loci Dei et Belli Loci monasteriorum abbatibus ac dilecto nobis in Christo præposito ecclesiæ Beatæ Mariæ Villæ Franchæ, Ruthenæ diocesis, salutem in Domino..... Cum itaque sicut exhibita nobis nuper pro parte dilectorum... consulum et communitatis oppidi Villæ Franchæ... petitio continebat a tanto tempore de cujus initio et contrario hominum memoria non existit in dicto oppido solemnis et particularis scola, in qua scolares et pueri ejusdem oppidi ac confinium illius in grammaticali, logicali, musicali et aliis artibus ac scientiis laudabiliter erudiri et instrui ac ab eodem tempore rector sive magister ejusdem scolæ a consulibus prædictis et pro libito ipsorum eligi et removeri consueverunt, constituta et hactenus observata extiterit, pro parte dictorum consulum nobis fuit humiliter supplicatum ut deinceps ipsam scolam inibi continuari faciendi et rectorem ipsius scolæ eligendi et removendi ipsique rectori in dicta scola pueris et scolaribus existentibus de præsenti et deinceps advenientibus per se vel per alium grammaticam, logicam, musicam et alias artes hujus modi legendi et docendi salaria moderata recipiendi et scolares ac pueros prædictos, si in aliquo delinquerint corrigendi et alia faciendi et exercendi quæ ad regimen scolarium pertinere noscuntur, eisdem consulibus et rectori pro tempore existentibus licentiam et facultatem concedere dignaremur. Nos itaque..... hujusmodi supplicationibus inclinati... mandamus quatinus vos, vel duo aut unus vestrum, si est ita, scolam prædictam continuari faciendi et rectorem ipsius scolæ eligendi et removendi..... licentiam et facultatem concedatis. Et nihilominus dictis consulibus et rectori pro tempore existentibus in præmissis assistentes non permittatis eos per quemquam super præmissis in aliquo molestari seu pertubari nec aliquem alium magistrum sive rectorem infra dictum oppidum et ejus districtum per distantiam unius leucæ scolas regere aut tenere...

Datum Avinioni anno Incarnationis Dominicæ millesimo quadringentesimo octuagesimo primo, tertio nonas Augusti, pontificatus ejusdem domini nostri papæ anno decimo ».

(*Bibliothèque Nationale*, collection Doat, vol. 147, f° 304-307).

II

Traditio scolarum (1532)

« Lan mial v° XXXII et le XXIII jorn del mes daost en la maiso del cossolat de Vilefranca los honarables et sages homes mess^res Frances Boyer, Viguier de Najac, Johan del Rieu doctor, Johan Patros marchan filh de Vesios condam mestre, Johan de Sant Desirio not.: cossols de la dicha vila per lo d. an baillero las scolas de la d. vila a regir et governar jusqua la festa de nativitat de sant Johan Baptista perdavenen à mestre Ramon Monelart mestre en ars, Mathieu Anbeyre de Roan presens pœta : Per loquel temps et per los penas et trebals de despens los d. mess^res cossols au promes pagar et baillar alsd. Monelart et Anbeyre la soma de septanta lieuros tornes pagadoyras la mitat à Nadal et l'autra mitat à la d.

festa de Sant Johan am parte et per expres retengut entre las d. partidas que moyenan la soma de LXX l. los enfans des clergues filhs et habitans de la d. vila et juridiction daquela seran quietes de salary et non payran daquels losd. mestres d'escole res levar senon dels estrangiers que y seran losquels estrangiers pagaran los salaris acostumats als dichs mestres et moyenan la d. soma de salaris delsd. clergues estrangiers losd. mestres ou promes alsd. mess^rs cossols de ben regir et endoctrinar losd. clergues tant de la d. vila que estrangiers bonamen et leyalmen et ben fayre lor dever envers losd. clergues et a tener et observar so dessus, so es los d. mess^rs cossols a pagar la d. soma alsd. termes an obligat lo be deld. cossolat et losd. mestres envers la vila se sos obligatz els et lors bes..... et juraverunt de quibus et presentibus Johan Delnat mercat., Johan Fabre mercat., Johan Vialelis mercat., de Fenayrolis et me Codercy not. reg.

Archives de l'Hôtel de Ville de Villefranche. Reg. FF 1 f° 230).

III

Edit de Henry II à Chasteau-briant le 27 juin 1551

§ 26. Art. XI. — « Dautant que Nous sommes advertis que plusieurs jeunes enfans, pour la faute et mauvaise instruction de leurs maistres et pedagogues sont tombez en erreur et heresie, pour l'instruction qu'ils ont eue ès nouvelles doctrines : Ordonnons que d'oresnavant aucun ne soit receu à tenir escoles et instituer les premières lettres des dits jeunes enfans, que premièrement il n'ait esté deuement approuvé de ceux à qui par droit et coustume appartiendra la provision des dits estats et maistrises. Leur enjoignant qu'ils s'informent bien exactement des mœurs, qualitez et conversation des Maistres et Regens, et ce sous peine de s'en prendre à eux. Exhortons les perés et meres ne prendre aucun pedagogue en leurs maisons que premierement ils ne soient bien asseurez de leur bonne vie, et qu'ils ne seront aucunement entachez des erreurs et nouvelles doctrines. »

(La grande conférence des Ordonnances et Édits royaux distribués en XII livres à l'imitation et selon l'ordre et disposition du Code de l'Empereur Justinian par M. Pierre Guenois, conseiller et lieutenant particulier au Siège et Ressort d'Yssoudun.

Paris chez Jacques Villery, rue de la Vieille Boucherie.

M. DC. LXXVIII
tôme II, p. 1066)

IV

Ordonnance de Jacques de Corneilhan, évêque de Rodez (1563)

« Jacques de Corneilhan evesque de Roudès à la requeste à nous présentée par le sindic des consuls, manans et habitans de Villefranche, à eux joinct le procureur du Roy au siège prezidial de Rouergue, tendans aux fins que pour les insolences, dissolutions et désordres qui ce sont commys yl y a lonctemps et journellement se commectent au couvent des Augustins de la d. ville, au grand escandalle des eclesiastiques et de la religion crestienne, le d. couvent feut comué et converti en ung collège pour instruire la jeunesse et la former en bonnes mœurs, et veu les inquisitions faites par nous le juge mage de Rouergue, par lesquelles nous appert tant de ce dessus que de la nécessité qu'il y a en ce pays de profficter de la jeunesse en bonnes lettres et discipline; attendu aussi la notoyre et longue négligence du général de l'ordre des P. Augustins, auquel auraict esté enjoinct de procéder à la réformation du d. couvent, quy à présent comme nous appert est délaissé et abandonné seul et dezert et sans religieux qui fazsent le service divin, selon la religion du d. ordre; et pour certaines autres justes et grandes considérations et mesme que les requérantz sont fondateurs du d. monastère, eu advis de gens doctes et de bon conseil, avons ordoné et ordonons que icelluy couvent des Augustins sera comué et converti en collège, où sera faicte profession des artz libéraux à instruire la jeunesse tant dans la ville que autres et tout ce que dépendra du d. couvent sera appliqué à l'entretenement des régens et professeurs du d. collège en règlement duquel sera par nous procédé selon les saintes constitutions et decretz après que les d. suppliants auront eu la volonté du Roy, laquelle leur est enjoinct de poursuivre et d'obtenir de Sa Majesté permission de ce qu'ils verront estre nécessaire pour ce que dessus.

Fait à Roudès le premier jour de dezembre mil V^e soixante-trois.

Jacque de Corneilhan, évesque de Roudès.

(Archives de l'Hôtel de ville de Villefranche Reg. BB 1 f° 57-59).

V

Souscription du Père Daguson, Recteur (1670)

« Je soussigné, Recteur du Collège de Villefranche, consens que notre congrégation soit remise sous la juridiction de Nossgrs les Evesques suivant l'intention véritable de Notre Vénérable fondateur, la bulle de son premier établissement et l'engagement formel et solennel, qu'elle a contracté avec le Clergé de France en sa réception dans le royaume, et espérant que Nos seigneurs les Evesques conserveront tout ce qui pourra contribuer au bien du corps et à la perfection des particuliers, je consens qu'ils nous donnent un gouvernement plus ecclésiastique et plus conforme à ce qu'on leur communiquera des intentions de notre fondateur, en foy de quoy j'ay signé.

DAGUSON.

(Archives Départementales, G. 444, liasse de 10 pièces, 9e pièce).

VI

Edit royal de 1763 sur les collèges
(Extraits)

Art. I. — Tous ceux qui sont chargés de la direction des collèges devront remettre dans six mois, pour tout délai, les états exacts de tout ce qui peut concerner les titres d'établissement des dits collèges.

Art. IV. — Il sera formé en chacun d'iceux un bureau pour y être réglé tout ce qui pourra concerner la régie et l'administration.

Art. VI. — Dans les villes, où il n'y a ni Parlement, ni Conseil supérieur, le dit bureau doit être composé de l'archevêque ou évêque président, du premier officier de la justice royale ou seigneuriale du lieu, de celui qui sera chargé du ministère public, de deux officiers municipaux, de deux notables du lieu choisis par le dit bureau et du principal du collège. En cas d'absence du dit évêque ou archevêque, il y assistera telle personne ecclésiastique, qui aura été commise à cet effet par lui, laquelle prendra place après celui qui présidera au dit bureau.

Art. IX. — L'évêque n'aura plus la nomination des professeurs de philosophie.

Art. XII. — Le bureau doit s'assembler au moins deux fois par mois, et en cas de partage des opinions, celle du président est prépondérante.

Art. XIII — Les évêques ont le droit de destituer les professeurs de théologie, en déclarant les causes de destitution, s'ils en sont requis.

Art. XV. — Les professeurs de théologie doivent se conformer à l'édit de 1682, concernant les quatre propositions contenues en la déclaration du clergé de France.

Art. XVI. — Les principaux, les professeurs autres que ceux de théologie, les régents des dits collèges seront nommés par le dit bureau.

Art. XVII. — Les dits principaux, professeurs et régents ne pourront être révoqués que par délibération du bureau, prise à la pluralité des deux tiers des voix dans une assemblée indiquée exprès pour cet objet, après y avoir été entendus ou dûment avertis de s'y trouver.

Art. XVIII. — Les sous-principaux, maîtres et sous-maîtres, précepteurs ou domestiques nécessaires pour le dit collège seront choisis par le principal.

Art. XIX. — Tout ce qui concernera les heures et la durée d'enseignement, les congés et les vacances, les fonctions et les honoraires des principaux, professeurs et régents, la discipline, la régie des biens et revenus du collège, les réparations et constructions, la recette et la dépense, tout cela sera traité et délibéré dans le dit bureau.

VII

Plan d'instruction publique présenté le 30 fructidor an II par le citoyen Drulhe

Art. I. — Le district sera prié de céder aux instituteurs une partie de la maison cy-devant Ste-Ursule, vu que le local du collège est très impropre pour les classes à cause du grand concours de citoyens qui s'y rendent pour les affaires d'administration.

Art. II. — Il y aura 6 instituteurs pour apprendre à lire, 4 pour le calcul, 1 pour la morale, les droits de l'homme et du citoyen, 1 pour l'histoire et la géographie.

Art. III. — A ces instituteurs seront adjoints des maîtres d'escrime, de danse, de musique et de peinture.

Art. IV. — Les instituteurs des écoles primaires seront invités à se présenter au conseil général de la commune, pour y donner des preuves non équivoques de leur savoir.

Art. V. — Les classes s'ouvriront à 7 h. en été, et à 8 h. en hiver pour le matin, le soir, tant en hiver qu'en été, à une heure et demie. La durée des classes sera de 3 h. pour le matin et de 2 h. 1/2 pour le soir.

Art. VI. — Pendant ce temps-là, les jeunes citoyens prendront successivement des leçons d'écriture, de calcul, de morale, des droits de l'homme et du citoyen, d'histoire, de géographie, de mathématiques.

Art. VII. — Les élèves se rendront aux jours de décade au temple de l'Être suprême, pour rendre compte de leurs progrès. Des prix seront distribués 4 fois l'an par les magistrats du peuple pour encourager les talents.

Art. VIII. — Cette institution sera en plein exercice le 1er brumaire de la 3e année républicaine.

(Archives de Villefranche)

VIII

Distribution des prix du 30 thermidor an VI

Couplets pour être chantés avant les exercices de l'école républicaine

Sur l'air : Jeunes Amants, cueillez des fleurs...

I

Donnons l'essor à nos talents ;
Tout rit, tout promet à notre âge.
Ce sont des amis, des parents,
Qui sont témoins de notre hommage.
Dieu du Permesse, inspire nous ;
C'est le plus beau jour de la vie ;
Payons le tribut le plus doux
A la Nature, à la Patrie (bis).

II

Pères du peuple, amis des lois,
Vous, dont la sage prévoyance
Nous fait jouir de tous nos droits,
Réprime et bannit la licence,
Sous vos auspices généreux
L'école des Arts rajeunie
Offre aujourd'hui les premiers jeux
A la Nature, à la Patrie (bis).

III

Voyez tous ces jeunes rivaux,
Jaloux du bonheur de vous plaire ;
Sages mentors, de vos travaux
Ils vous promettent le salaire ;
Applaudissez à vos destins,
Quand cette jeunesse chérie
Croît et s'embellit sous vos mains
Pour la Nature et la Patrie (*bis*).

Couplets pour être chantés dans les intervalles des exercices

(Extraits de la musique à l'usage des Fêtes Nationales)

I

Déesse et compagne du sage,
Détruis les rêves imposteurs,
D'un peuple libre obtiens l'hommage
Viens le gouverner par les mœurs.
O raison, puissante immortelle,
Pour les humains tu fis la loi ;
Avant d'être égaux devant elle,
Ils étaient égaux devant toi.

II

Inspire à l'active jeunesse
Des vertus l'illustre désir ;
Accorde à la sage vieillesse
Un doux et glorieux loisir ;
Victimes d'intérêts contraires,
Les humains s'opprimaient entr'eux ;
Réunis tous ces peuples frères,
Dont les rois ont brisé les nœuds.
O raison......................

III

Ton éclat, exempt d'imposture,
Ressemble à l'éclat d'un beau jour,
Ta flamme bienfaisante et pure
Rallume les feux de l'amour.

Sur tes pas, austère Déesse,
Amenant l'aimable gaîté,
Des arts la troupe enchanteresse
Vient couronner la liberté.
O raison......................

IV

Sous ton nom, de l'Être suprême
On osa renverser l'autel ;
Le crime seul prêche un système
Couvert d'un opprobre éternel.
Ta voix annonce la puissance
D'un Dieu, maître de l'univers,
Le protecteur de l'innocence
Et l'effroi des hommes pervers.
O raison......................

Couplets pour être chantés après les exercices et la distribution des prix

Sur l'air : Mes chers enfants, unissez-vous...

I

Chantons ce jour cher à nos cœurs,
Jour de gloire et de bienfaisance.
Le doux élan de la reconnaissance
Naît à l'aspect de lauriers si flatteurs.
Que cette pompe triomphale
Nous rappelle un beau souvenir :
Que nous devons savoir vivre et mourir
Pour la gloire nationale.

II

O quel sera l'épanchement
De nos cœurs au sein de nos mères !
Nous sourirons à nos sœurs, à nos frères,
En les baignant des pleurs du sentiment.
Dans cette ivresse filiale,
De nos succès enorgueillis,
Nos pères vont enflammer nos esprits
De la gloire nationale.

III

Vous, qui, témoins de nos essais,
Nous honorez de vos suffrages,
Vous contemplez des regards de vrais sages
De nos talents l'essor et les succès,
Oui, votre bonté libérale
Réveille en nous de saints transports
Et nous fera consacrer nos efforts
A la gloire nationale.

(Brochure de l'imprimerie Védeilhé, communiquée par M. U. Cabrol)

IX

Plan d'organisation d'un collège d'arrondissement

« Il sera établi à Villefranche, avec l'approbation du gouvernement, un collège d'arrondissement. Ce collège sera composé d'un directeur des études, de deux professeurs de grammaire, de deux professeurs de littérature, d'un professeur d'entendement humain et de morale, d'un professeur de mathématiques, d'un professeur de physique et d'un professeur de dessin.

On enseignera et on inspirera aux élèves les principes de la religion chrétienne.

Cours de grammaire

Dans les cours de grammaire, on enseignera aux élèves : l'histoire sacrée et la mythologie. On formera leur conscience par l'idée et le sentiment de la justice. On leur donnera l'explication combinée des éléments des langues latine et française, de manière qu'on n'exerce pas seulement la mémoire, mais qu'on les fasse opérer par le raisonnement.

On leur fera connaître les principes de construction propre aux deux langues, et l'on fera l'application de ces principes dans la lecture des auteurs français et l'explication des auteurs latins.

Ils feront un cours abrégé de géographie, et ils en rendront compte de vive voix et par écrit, afin de se former de bonne heure au raisonnement par l'analyse.

Cours de littérature

Dans le premier cours de littérature, les élèves étudieront l'histoire grecque et romaine, les éléments d'histoire naturelle, ils continueront l'étude des langues latine et française, de la géographie. On leur fera connaître les règles de la versification et on leur expliquera les poètes, les historiens et les moralistes.

Dans le deuxième cours, qu'on pourrait appeler cours de rhétorique, on enseignera les époques principales de l'histoire de France, on s'attachera surtout à faire connaître les révolutions arrivées dans le gouvernement français ; on leur fera comparer les principes des gouvernements anciens avec la constitution française.

On s'attachera particulièrement à la composition et aux exercices d'éloquence, surtout dans le genre délibératif.

Pour se disposer aux fonctions publiques, les jeunes gens traiteront des questions contradictoirement, tant de vive voix que par écrit.

Cours de mathématiques

Le professeur de mathématiques enseignera les mathématiques pures.

Cours d'entendement humain et de morale

Le professeur enseignera l'analyse des sensations et des idées, la méthode des sciences ou logique, les principes du droit naturel, les rapports et les devoirs de l'homme tant envers l'Être suprême qu'envers lui et ses semblables.

Cours de physique

Le professeur de physique comprendra dans ses

leçons les éléments de mécanique, d'optique, d'astronomie et les applications élémentaires les plus utiles du calcul et de la géométrie à la physique, aux sciences morales et politiques.

Cours de dessin

Le professeur montrera le dessin, la levée des plans et donnera des leçons d'architecture.

Tous les cours se feront en français et on adoptera les livres élémentaires qui seront indiqués par le gouvernement.

Administration

Le collège sera dirigé par un conseil d'administration, composé du sous-préfet de l'arrondissement qui en sera le président, de trois membres du conseil d'arrondissement, du maire de Villefranche, de deux membres du conseil général et de deux professeurs nommés par les autres professeurs.

Le conseil d'administration nommera le directeur des études et les professeurs ; il prendra toutes les précautions nécessaires pour garantir aux pères et à la société les qualités morales des maîtres, auxquels sera confiée l'espérance de la patrie et celle des familles.

Il fera tous les règlements nécessaires pour le mode d'administration et d'instruction.

Traitement des professeurs

L'instruction devant être gratuite, il ne sera exigé de la part des élèves aucune contribution.

Les professeurs auront un traitement qui pourra être gradué, mais dont le minimum ne pourra être au-dessous de 1.000 fr. par année. Ce traitement sera payé par trimestre.

Du pensionnat

Il pourra y avoir dans le collège un pensionnat destiné à remplacer les soins et la surveillance de la maison paternelle.

Le Directeur des études aura soin que l'ordre établi par le conseil d'administration soit invariablement observé par les professeurs et les élèves.

Le conseil fera les règlements de police qu'il jugera convenable.

Pour favoriser l'établissement du collège d'arrondissement, la commune de Villefranche cédera les bâtiments, cour et jardin dépendant de l'ancien collège. »

(*Archives de Villefranche*).

X

Arrêté préfectoral du 21 fructidor an IX

Le Préfet du département de l'Aveiron. Vu l'arrêté de l'administration municipale de Villefranche du 15 floréal an VI signé des C. C. Andurand, Dissez, Granier, Valadier, Daugnac, officiers municipaux et Carrandier, commissaire du pouvoir exécutif

Portant que les bâtiments du ci-devant collège de Villefranche sont cédés à titre de jouissance au citoyen Lombard, directeur d'un Pensionnat, pour former un établissement d'instruction publique et privée sous la protection et surveillance des autorités constituées

Et néanmoins qui réserve la grande salle des dits bâtiments pour les fêtes décadaires.

Vu l'arrêté de l'administration centrale du département du 22 floréal même année signé des C. C. Combes, Daudé, Carrié, Dutriac, administrateurs, et Merlin, commissaire suppléant, qui autorise la délibération cy-dessus.

Vu la délibération du conseil municipal de Villefranche du 24 messidor an IX qui propose : 1° de céder à six personnes et à ceux qui les remplaceront à titre de professeurs la ditte maison ; 2° qui charge le citoyen Lombard, directeur du pensionnat, des réparations locatives de toute la maison et de la toiture ; 3° qui propose de distraire de la concession faitte en l'an VI au citoyen Lombard une cave, un entresol et d'autres dépendances.

Vu l'avis du Sous-Préfet de l'arrondissement de Villefranche en datte du 15 fructidor.

Le Préfet, considérant que l'institution confiée au citoyen Lombard par les arrêtés précisés a été entreprise et maintenue par lui depuis l'an VI jusqu'à ce jour, qu'elle a été recommandée dans ces derniers temps au gouvernement par le conseil d'arrondissement de Villefranche et par le conseil général du département, qu'elle serait désorganisée par la mesure proposée le 24 messidor dernier.

Qu'il convient de conserver pour l'intérêt des familles de chaque arrondissement le peu d'établissements d'instruction qui y existent, en attendant que les plans bienfaisants du Ministre de l'Intérieur sur l'organisation de l'instruction publique en ayent centralisé la direction et fortifié la discipline.

Le Préfet, ajournant à statuer sur la légalité et la délibération du 24 messidor dernier.

Maintient l'arrêté de l'administration municipale de Villefranche du 15 floréal an VI, et celui de l'administration centrale du département de l'Aveiron du 22 floréal an VI.

Le Sous-Préfet de l'arrondissement de Villefranche demeure chargé de se concerter avec le directeur du pensionnat et du collège de Villefranche pour donner à la tenue et à l'instruction du pensionnat et du collège de Villefranche dans le cours de l'an X toute l'activité et toute l'utilité que réclament l'intérêt et les justes espérances des habitants de la ville et de l'arrondissement de Villefranche.

Le Sous-Préfet rendra compte à la préfecture dans la décade des mesures qu'il aura prises et de celles qu'il proposerait sous l'autorisation, s'il en est besoin, des administrations supérieures.

Fait et arrêté le 21 fructidor an IX de la République française.

Signé : Bessière, Secrétaire général.

(Extrait d'un registre d'arrêtés préfectoraux, (secrétariat particulier) du 6 germinal an VIII, au 21 prairial an X).

XI

Compliment sur un exercice de belles-lettres, par Jean-François Valrivière

Sur nos fronts agités vous découvrez l'empreinte
De cette anxiété, de cette vive crainte,
Qu'éprouvent en public même les grands talents,
Lorsqu'ils donnent l'essor à leurs nobles accents.
Mais bientôt cet instinct dans nos âmes débiles
Se change en sentiments plus doux et plus tranquilles ;
Votre aspect ravissant, vos regards enchanteurs
Par l'attrait le plus doux s'emparent de nos cœurs.
Transportés hors de nous par l'ardeur de vous plaire,
De nos faibles moyens nous franchissons la sphère,
Et ne distinguons plus en parcourant ces rangs
Qu'un concert de voisins, d'amis et de parents,
Qui, tressaillant pour nous d'amour et de tendresse,
Voudraient de nos succès partager l'allégresse.
Quel motif plus puissant pour nous encourager ?
Ici grâces, vertus, tout paraît s'empresser.
Amateurs des Beaux-Arts, votre esprit magnanime
Vient réfléchir sur nous le feu le plus sublime.
De la naïve enfance généreux protecteurs,
Vous nous montrez la route en la couvrant de fleurs
Et chez vous l'indulgence promet au simple zèle
Le précieux suffrage et la palme immortelle,
Prix des nobles travaux et des efforts vainqueurs
Qu'inspire l'Hélicon aux enfants des neuf sœurs.

(Archives départementales).

XII

Personnel de l'école secondaire communale après la fusion de l'école de Sainte-Ursule et de celle du citoyen Lombard.

Directeur : M. A. Lombard.
Censeur de études : M. E. Dissès.
3ᵉ, 4ᵉ et mathématiques : M. J. Massabiau.
5ᵉ et 6ᵉ : M. F. Lortal.
Belles-Lettres : M. J.-A. Roux.
1ʳᵉ classe de grammaire : M. A. Lacombe.
2ᵉ   »   »   M. A. Calmettes.
3ᵉ   »   »   M. A. Graves.
4ᵉ   »   »   M. J. Murat.
5ᵉ et 6ᵉ classe   »   M. C. Gineste.
Dessin : M. Broquère.
Ecriture : M. J. Lala.
Religion : M. Lacombe.
Danse : M. Beaulès.
Officier instructeur : M. de Beaucourt, ancien capitaine de gendarmerie.
Maîtres de quartier : MM. Roux, Lacombe, Calmels.

(Archives départementales).

XIII

Catalogue des prix choisis par M. Lombard pour la distribution faite le 7ᵉ floréal, an XII.

	Abrégé des sciences, fig. et cartes	2 l.
	Révolution de Portugal........	1 » 16
	Le jardin des enfans..........	1 » 16
Ouvrages reliés	Histoire des animaux, fig......	3 »
	Aventures de Thélémaque, fig.	3 »
	Histoire de Bayard............	2 » 10
	Mœurs des Israëlites..........	2 » 10
	Poésies de Rayrac............	1 » 16

Livres brochés	Choix d'oraisons funèbres.....	1 » 16
	Traité des dieux du monde....	1 » 10
	L'homme des champs.........	1 » 10
	La pitié...................	1 » 4
	Les jardins, fig............	1 » 10
	Les beautés de l'histoire......	2 » 05
	Voyage en Italie par Duclos....	1 » 16
	Abrégé de l'histoire des empereurs...................	2 » 05
	Total................	32 » 04

(Note fournie par Védeilhé, imprimeur à Villefranche)

XIV

Arrêté du Sous-Préfet de Villefranche du 12 octobre 1806

(*Extraits*)

Art. III. — « Tout citoyen qui voudra loger des écoliers ainsi que ceux qui leur donneront à manger seront obligés de se faire inscrire sur un registre, qui sera tenu à cet effet par le directeur de l'école et d'y faire inscrire également les noms des élèves qu'ils auront chez eux. »

Art. IV. — « Le directeur appellera tous les quinze jours les citoyens ci-dessus pour se faire rendre compte de la conduite privée des écoliers. »

Art. V. — « Il est enjoint à ces citoyens de veiller à ce que les écoliers qui logeront ou prendront les repas chez eux ne sortent point à des heures indues, à ce qu'ils ne fréquentent que des personnes probes ou de bonnes mœurs. »

Art. VII. — « Il est défendu à tous limonadiers, maîtres de café, de billard et à tous teneurs de maisons publiques de recevoir chez eux des écoliers, qui ne seraient point accompagnés de leurs parents, sous peine d'avoir leurs maisons interdites. »

(*Archives départementales*).

XV

Liste des succès obtenus par les élèves du collège de Villefranche au concours académique.

Année	Classe	Matière du concours	Nomination	Nom du lauréat
1864	Philosophie	Dissert. française	2ᵉ prix	Fort
»	4ᵉ	Thème latin	5ᵉ accessit	Prat
»	»	»	7ᵉ »	Marican
1865	»	»	3ᵉ »	Lamic
»	»	»	5ᵉ »	Boyer
1868	3ᵉ	Version latine	3ᵉ »	Texereau
»	4ᵉ	»	2ᵉ prix	Firminhac
»	»	»	4ᵉ accessit	Fualdès V.
1869	3ᵉ	»	3ᵉ »	Fualdès V.
1870	Philosophie	Dissert. française	3ᵉ »	Vertier
»	3ᵉ	Version latine	1ᵉʳ »	Estribaud
1872	Enseignem' spécial	Physi. et chimie	4ᵉ »	Blanc
»	3ᵉ	Histoire	6ᵉ »	Chabret du Rieu Edg.
»	Cours de dessin	Cours de dessin	8ᵉ »	Rouziès
1873	Enseignem' spécial	Hist. et morale	2ᵉ »	Soulié C.
1875	»	Physi. et chimie	1ᵉʳ »	Keller
1876	»	Hist. et morale	5ᵉ »	Siau
1878	3ᵉ	Version latine	7ᵉ »	Rouquié
1879	Rhétorique	Histoire	4ᵉ »	Lacaze
»	»	»	7ᵉ »	Pascal

(*Archives du collège*).

XVI

Liste des principaux de 1798 à 1808

1798	MM. Lombard.
1815	Rigal.
1816	L'abbé Marty.
1823	Calmètes.
1827	Poumairas.
1829	Monal.
1835	Gallon-Labastide.
1850	Lapeyre.
1855	L'abbé Laubie.
1865	Colombié.
1868	Cottin.
1873	Blusson.
1878	Poitout.
1878	Roumiguié.
1880	Rousseau.
1882	Courant.
1886	Delamotte.
1887	Pinturaud.
1888	Farkas.
1890	Gibergues.
1899	Trébuchon.
1902	Ricoux.

(*Archives du Collège*).

XVII

Bibliographie

I. — Documents manuscrits

Archives départementales de l'Aveyron :
Registre d'arrêtés préfectoraux du 6 germinal an VIII au 21 prairial an X.
Une liasse de dix pièces G 444.
Trois liasses composées de soixante-onze pièces (de l'an VII à l'an XIII).

Archives communales de Villefranche-de-Rouergue :
Registre des délibérations consulaires BB 1, 2, 3, 4, 5, 6, 7, de 1585 à 1614.
Compte des Recettes et des Dépenses CC 1 de 1647 à 1654.
Registre de police contenant les arrêts et ordonnances des consuls FF 1, 2, 3, de 1465 à 1774.
Registre des délibérations du conseil général de la commune et du conseil municipal.
Pièces éparses.
Archives du collège :
Registre des délibérations du bureau d'administration.

II. — Documents imprimés

Affre H. *Biographie aveyronnaise.* Rodez, impr. de Broca, 1881.
Affre H. *Dictionnaire des institutions, mœurs et coutumes du Rouergue.* Impr. E. Carrère 1903.
Biographies aveyronnaises. Publication de la Société des Lettres, Sciences et arts de l'Aveyron. Rodez, impr. N. Ratery, 1866.
Cabrol (Etienne) *Annales de Villefranche-de-Rouergue.* Impr. Vve Cestan, 1860.
Cabrol (Urbain) *Discours prononcé le 27 janvier 1906 au banquet de l'Association des anciens élèves du Collège. V. Le Narrateur et l'Annuaire de l'Association* 1906-1907. Impr. Vve Salingardes.
Chéruel (A.). *Dictionnaire historique des institutions, mœurs et coutumes de la France.* Paris, Hachette, 1880.
Collection Doat de la Bibliothèque Nationale (vol. 147).
Condorcet (J.-A.). *Œuvres publiées par A. Condorcet, O'Connor et M.F. Arago* (t. VII). Paris Imp. Firmin Didot, 1847.
Coudere (C.). *Documents sur Villefranche-de-Rouergue à la fin du xvie siècle.* Rodez, impr. Carrère, 1893.
Guénois (P.). *Grande conférence des ordonnances et édits royaux.* Paris, impr. Jacques Villery, à l'Enseigne de l'Etoile, 1668.

Guirondet (L.). *Histoire de Villefranche-de-Rouergue.*
V. la *Gazette de Villefranche* 1884-1888.
Villefranche, impr. Dufour.

Lempereur (L.). *Les petites écoles de l'ancien diocèse de Rodez avant la création des collèges* (xiv⁰ et xv⁰ siècles) *Bulletins historiques et philologiques des Comités des travaux historiques.* Année 1887 n⁰ˢ 1, 3 et 4.

Lunet. *Histoire du Collège de Rodez.* Rodez, imp. Carrère, 1881.
Palmarès du Collège de Villefranche de 1856 à nos jours.

Sicard (l'abbé Augustin). *Les études classiques avant la révolution.* Paris, librairie académique Didier, 1887.

TABLE DES MATIÈRES

	Pages
Préface	5

CHAPITRE PREMIER

L'enseignement à Villefranche jusqu'en 1563.	7

CHAPITRE II

Création d'un collège au couvent des Augustins.	13

CHAPITRE III

Le collège de 1585 à 1622.	15

CHAPITRE IV

Le collège des Doctrinaires (1622-1793).	18
Fondation du collège.	18
Construction des divers bâtiments.	19
Création du prix de la croix d'or.	22
Fondation du prix de la médaille d'argent.	22
Construction d'une nouvelle église.	23
Création des diverses classes.	23
Imposition des contribuables de l'Election pour l'entretien du collège.	24
Imposition du bas pays de Rouergue.	24
Enquête sur la réduction des collèges.	25
Difficultés survenues entre l'Evêque de Rodez et les Doctrinaires	26
Revendication des Jésuites.	28
Réjouissances après les traités d'Utrecht.	28
Soutenance de thèse de philosophie.	29
Les Doctrinaires chargés de méditations spirituelles et de retraites.	29
Institution des distributions de prix.	30
Achat d'appareils de physique.	32
Création d'une chaire de mathématiques.	33
Edit royal de 1763	33
Demande d'augmentation de traitement.	35
La salle de la congrégation sert de lieu de réunion à l'administration provinciale et aux représentants de la noblesse.	35

	Pages
Décrets de la Constituante	36
Prestation du serment constitutionnel	37
Projet d'organisation de l'instruction publique	37
Certificats de civisme	38
Départ des Doctrinaires	38
L'enseignement des Doctrinaires	39
La bibliothèque des Doctrinaires	43
Les éditions des Doctrinaires	44
Les élèves des Doctrinaires	46

CHAPITRE V

Le Collège de 1793 à 1883	48
Décrets de la Convention Nationale	49
Demande de création d'une école centrale à Villefranche	49
Demande de création d'une école centrale supplémentaire	51
Création de cette école	51
Inspection des écoles	52
Distribution solennelle des prix du 30 thermidor an VI	52
L'église des Doctrinaires affectée à la célébration des fêtes nationales	53
Projet de création d'un collège d'arrondissement	53
Mésintelligence entre le citoyen Lombard et ses collaborateurs	54
L'école de Ste-Ursule	55
L'école du citoyen Lombard	56
Transformation de l'école du citoyen Lombard en école secondaire	59
Réunion des deux écoles : l'école secondaire communale	59
Création du bureau d'administration	60
Diminution de la population scolaire	61
Fondation de l'Université	61
Création de bourses dans les lycées	62
Décret impérial du 9 avril 1810	62
Collège impérial	63
Réunion du petit séminaire au collège	63
Refus d'établir des cours préparatoires aux Arts et Métiers	64
Projet d'établissement d'un collège mixte	65
Abandon des prix en faveur des blessés des 28 et 29 juillet 1830	65
Etablissement du presbytère de St-Joseph dans les bâtiments du collège	66
Annexion au collège d'une école primaire	67
Création d'une école primaire supérieure	67
Déclin du collège en 1835	67
Création d'une chaire de physique	67
Décret sur la mise en régie des collèges	68
Enseignement des langues vivantes	69
Création de chaires de mathématiques et d'histoire	69
M. Lapeyre prend le collège à son compte aux mêmes conditions que son prédécesseur	69

	Pages
Loi Falloux.	69
M. Capella demande à créer au collège une institution libre.	70
Nouveau déclin du collège.	70
Le relèvement du collège.	71
Projet de vente du collège à la Communauté de la Ste-Famille.	71
Don à la ville du cabinet géologique et minéralogique de M. Milhet.	72
Création de médailles d'or et d'argent.	72
Succès au Concours académique.	73
Projet de mise en régie du collège.	73
Création d'un petit collège.	74
Institution d'examens trimestriels.	74
Diminution de la population scolaire.	74
L'évêque de Rodez demande la direction du collège.	75
Division des collèges en catégories.	78
Bourse accordée aux deux meilleurs élèves de l'école laïque.	78
Refus d'accorder la gratuité des études à tous les jeunes gens natifs de Villefranche.	78
Nouveau projet de mise en régie du collège.	78
Démolition et reconstruction du collège.	79
Différend avec la Fabrique de St-Joseph.	81

CHAPITRE VI

Le nouveau collège.	82
Projet de cession du collège à l'évêque de Rodez.	83
Relèvement du collège.	88
Création d'une association amicale des anciens élèves.	90
Demande de transformation des collèges communaux en collèges nationaux.	91
Abandon des prix en faveur des inondés.	92
Suppression des distributions de prix.	92
Situation actuelle du collège.	92
CONCLUSION	94

APPENDICE

I. Lettre de l'évêque de Sabine au prévôt de l'Eglise Notre-Dame.	95
II. Traditio scolarum.	96
III. Edit de Chasteau-briant.	97
IV. Ordonnance de Jacques de Corneilhan, évêque de Rodez.	98
V. Souscription du Père d'Aguson, Recteur.	99
VI. Edit royal de 1763.	100
VII. Plan d'instruction publique du citoyen Drulhe.	101
VIII. Couplets chantés à la distribution des prix du 30 thermidor, an VI.	102

		Pages
IX.	Plan d'organisation d'un collège d'arrondissement.	105
X.	Arrêté préfectoral du 21 fructidor, an IX.	108
XI.	Compliment sur un exercice de belles-lettres, par Jean-François Valrivière	110
XII.	Personnel de l'école secondaire communale après la fusion de l'école de Sainte-Ursule et de celle du citoyen Lombard	111
XIII.	Catalogue des prix pour la distribution du 7 floréal an XII	111
XIV.	Arrêté du Sous-Préfet de Villefranche du 12 octobre 1806.	112
XV.	Liste des succès obtenus au concours académique.	113
XVI.	Liste des principaux de 1798 à 1808.	114
XVII.	Bibliographie.	114

www.ingramcontent.com/pod-product-compliance
Lightning Source LLC
Chambersburg PA
CBHW060207100426
42744CB00007B/1194